HISTOIRE

DE LA

PAROISSE SAINT ETIENNE

DE CAEN

(1791-1891)

PAR

M. l'Abbé L. HUET,

Curé de Sommervieu,

Membre de la Société des Antiquaires de Normandie

ÉVREUX

IMPRIMERIE DE L'EURE

—

1892

HISTOIRE

DE LA

PAROISSE SAINT ETIENNE

DE CAEN

(1791-1891)

PAR

M. l'Abbé L. HUET,

Curé de Sommervieu,

Membre de la Société des Antiquaires de Normandie

ÉVREUX

IMPRIMERIE DE L'EURE

—

1892

INTRODUCTION

Il y a quelques mois, nous écrivions, dans la *Revue Catholique de Normandie*, un article sur la nécessité d'avoir, dans les Archives de chaque église, un registre contenant l'histoire, les usages, les fondations, en un mot tout ce qui peut intéresser la paroisse. Nous donnions comme exemple « le Registre de Messieurs les Prestres de la paroisse de Saint-Estienne-le-Vieil de Caen. »

Incomplet à plusieurs points de vue, ce Registre ne pouvait être proposé comme un modèle. Il ne donnait qu'un encouragement à mieux faire en même temps qu'un bon exemple à suivre. Nous avons essayé d'en profiter le premier pour la nouvelle paroisse de Saint-Etienne.

Nous avions d'ailleurs une excellente raison de le faire.

Quelle date pouvait être mieux choisie pour écrire son histoire, que celle du centenaire de sa fondation? Le cadre parfaitement délimité était tout tracé. La paroisse succédant à l'abbaye, nous n'avions qu'à continuer l'histoire de M. Hippeau, jusqu'à nos jours.

Un très-court résumé de l'*Analyse architecturale* de l'église Saint-Etienne, par M. G. Bouet, servira de transition aux deux travaux, et de guide aux nombreux touristes qui viennent chaque année visiter ce magnifique monument.

Nous nous demanderons ensuite quelle fut l'origine de la nouvelle paroisse; comment elle fut canoniquement érigée en 1802 et quel fut son territoire jusqu'en 1820. Après une étude sur l'œuvre alors accomplie par ses deux premiers pasteurs, et continuée par les deux derniers après la nouvelle délimitation de la paroisse, en 1820, nous énumèrerons ses confréries, les reliques qu'elle possède, les usages conservés ou abolis depuis son existence, ses privilèges, etc.

Nous eussions été heureux de pouvoir offrir ce travail au vénérable pasteur qui gouvernait Saint-Etienne lorsque nous l'avons commencé. Nous lui avions confié notre projet de publier cette histoire le jour même du centenaire de la paroisse (12 juillet 1891), et il l'avait approuvé. La maladie et la mort qui sont venus le surprendre en janvier, ont renversé tous ces projets.

Qu'aujourd'hui du moins, ces quelques pages soient un hommage filial à sa mémoire, en même temps qu'un gage de notre fidèle attachement à une église dans laquelle se sont écoulées les treize premières années de notre ministère sacerdotal.

CHAPITRE PREMIER

L'EGLISE SAINT-ETIENNE

Le respect et la majesté sont les deux sentiments qui s'imposent à l'âme de celui qui visite Saint-Etienne.

En pénétrant sous les voûtes que le soleil éclaire à peine de ses rayons; en parcourant du regard ses murs dépourvus de tout ornement « on éprouve cette muette admiration, ce saisissement secret et solennel qui s'emparent de toutes les facultés de l'âme en présence d'une œuvre inspirée. L'architecte, dédaignant l'ornement, n'a visé qu'à la grandeur, et il a fait une œuvre sublime dans sa nudité. »

Ne devons-nous pas voir également dans les vastes proportions du monument (1) les larges idées du Conquérant qui le faisait bâtir, et de Lanfranc qu'il avait chargé de veiller aux débuts de sa noble fondation?

Ce fut donc vers l'an 1064 que les murs de Saint-Etienne commencèrent à s'élever. — Treize ans plus tard, l'Archevêque de Rouen, Jean d'Avranches, en fit solennellement la consécration (2).

(1) L'église a 108 mètres de longueur sur 22ᵐ 30 de largeur à la nef et 38 mètres au chœur avec les chapelles. La hauteur de la nef sous voûte est de 21ᵐ 50 et celle de la lanterne de 32 mètres. Les clochers s'élèvent à environ 75 mètres. La pyramide de la tour centrale détruite en 1566 était beaucoup plus haute que les flèches du portail.

(2) Le 13 septembre avait lieu chaque année : « Anniversarium Dedicationis Basilicæ hujus Monasterii. Duplex 1ᵃ classis et primi ordinis..... Accenduntur duo cerei in quolibet altari, tempore Vigiliarum, Missæ et Vesperarum. » (Cœremoniale locale Sti Stephani Cadomensis, conservé aux Archives de la fabrique de Saint-Etienne).

XI⁰ siècle. — A ce moment, l'église comprenait la nef actuelle, les transepts, et trois travées du chœur, elle se terminait comme l'église de Cerisy-la-Forêt, par une abside de trois étages.

Les bas-côtés de la nef et du chœur étaient surmontés de tribunes voutées en quart de cercle. Les voûtes romanes des bas-côtés, aujourd'hui remplacées par des voûtes ogivales, étaient un peu plus basses que celles-ci et permettaient de voir dans les tribunes, la base des colonnes en chanfreins creux, aujourd'hui enterrée par suite de l'exhaussement du plancher.

De l'église primitive il ne reste plus que la nef et les transepts, les deux gros piliers de la tour centale les plus rapprochés de l'autel, et la base inférieure des deux tours du portail : la base de la tour du Nord, jusqu'à une hauteur de 5 pieds environ, celle du midi jusqu'à la hauteur du 1er étage. Lorsqu'on reprit les travaux de cette dernière, la porte extérieure fut baissée. L'on s'efforça de faire disparaître les traces des clavaux primitifs au moyen de faux joints horizontaux creusés dans la pierre, ainsi qu'il est facile de s'en convaincre.

M. Bouet pense que primitivement le chœur seul était destiné à être voûté. Les joints de la tour qui sont de ce côté n'ont pas été lissés, tandis que ceux des trois autres côtés sont très soignés comme s'ils étaient destinés à être vus de l'intérieur de l'église.

Enfin, comme on peut le voir au-dessus des voûtes de la nef, le clérestory qui existait au xie siècle, se composait de trois arcatures égales par travée.

XII⁰ siècle. — Ces trois arcatures furent remplacées par une grande et une petite, et le clérestory lui-même fut baissé d'un pied lorsque les grandes voûtes de la nef furent construites.

Aux transepts, les colonnes qui portaient l'arcature du xie siècle furent noyées dans un mur relié avec celui de l'extérieur à l'endroit de la poussée des voûtes. D'autres colonnes furent insérées dans les murs pour soutenir la retombée des voûtes. De même des colonnes avec consoles et chapiteaux du côté du chœur furent ajoutées aux angles intérieurs de la tour centrale pour porter la voûte de la lanterne.

Les corps carrés des deux tours du portail datent également de cette époque. Les chapiteaux à animaux fantastiques ou à godrons (sorte de cornets) en sont la preuve, ainsi que la base plus élevée des piliers.

XIIIe siècle. — Des modifications importantes furent apportées à l'église dans ce siècle. Si le mélange du roman et du gothique dans le chœur, si les zigzags aux arcades, les feuilles aux chapiteaux rappellent le xiie siècle, nous supposons, d'après les dettes de l'abbaye, en 1250, et d'après la forme des lettres de la pierre tombale de l'architecte, placée à fleur de terre, dans la partie la plus saillante du rond-point, derrière la chapelle de la Sainte Vierge (1), que cette partie de l'église remonte au commencement du xiiie siècle.

Le chœur fut alors allongé d'une arcade *plus large* que les autres, dans le sanctuaire. L'abside actuelle remplaça l'abside romane,

C'est de cette même époque que datent les deux flèches jumelles du portail « qui s'élancent ensemble vers le ciel, comme les aspirations d'une seule et même pensée de foi et d'amour. » Comme les clochers étaient primitivement destinés à recevoir un toit quadrangulaire, lorsqu'on voulut faire des flèches octogones, il fallut construire des trompes plein-cintre pour soutenir les pans coupés. A leur base, ces pyramides de forme différente, dont l'une, celle du nord, est légèrement convexe et a dix nervures, quoiqu'elle soit octogone, sont ornées de charmants clochetons qui mériteraient une étude spéciale (2).

XIVe siècle. — La chapelle Halbout fondée en 1315 par Philippe Halbout, curé de Brouay et chanoine du Sépulcre de Caen, ainsi que la portion supérieure de la pyramide de la tourelle d'escalier du transept septentrional datent de ce siècle. Une fausse voûte en plâtre a remplacé, dans la chapelle, l'ancienne voûte ogivale portant les armoiries de la famille Halbout. L'autel actuel en marbre rouge, sans style, provient de la chapelle de Lion-sur-Mer.

---

(1) Voici l'inscription de ce tombeau sans les abréviations :

†. GVILLELMVS. IACET. HIC. PETRARVM. SVMMVS IN ARTE.

ISTE. NOVVM. PERFECIT. OPVS. DET. PRÆMIA. CHRISTE. AMEN.

Près de cet inscription il en existe une autre ainsi conçue :

HIC JACET ALBI

NVS PREPOSITVS. ANIMA EIVS

REQUIESCAT IN PACE

AMEN

(2) Au tympan du portail se voit la croix des Bénédictins avec leur devise : *Lex, lux, rex, pax,* la dernière lettre de chacun de ces mots se trouvant au centre de la croix.

XVe et XVIe siècles. — Il n'y a rien à l'actif de ces deux siècles. Mais le dernier, si funeste aux monuments religieux de Caen, faillit complètement détruire Saint-Etienne. En 1562, les protestants en « froissèrent et brisèrent les vitres belles et singulières, les orgues fort armonieuses, et consumèrent par le feu les chaires, chassis et autres ouvrages de bois. Ils cassèrent le Loculle (tombeau) de pierre où estoyent les ossemens du corps de ce Roy Duc..... emportèrent au château la grande châsse d'icelle abbaye contenant les reliques de Sainct-Estienne qui estoit d'un ouvrage fort artificiel, faite en forme de temple ou église ayant une tour ou clocher au milieu où il y avoit une clochette d'argent. — Et au reste les joyaux du Roy Duc Guillaume... mesmes ses manteaux couverts d'or battu que l'on avoit faict approprier en chappes. »

L'année suivante, Montgommery fit enlever « les plombs dont l'église estoit couverte dès le temps du Roy Duc Guillaume et dont Maistre Barthélemy de Nazy avoit refusé quelque temps précédent 80,000 livres et encore faire recouvrir ladicte église d'ardoises. » L'escalier de la tour centrale fut coupé. La flèche fut renversée en 1566, et entraîna dans sa chute l'un des gros piliers du côté de la nef.

Tel fut le bilan déplorable de ce siècle en proie aux rigueurs de la guerre civile allumée par le Protestantisme.

XVIIe siècle. — Tout était donc à refaire pour réédifier l'église. En 1592, la ville allait inaugurer un pillage d'un nouveau genre et faire enlever les pierres de l'édifice pour réparer ses murailles, lorsque Dom Baillehache et les religieux s'y opposèrent heureusement et en appelèrent au Parlement de Normandie. En 1600, celui-ci leur donna en partie gain de cause. Au jugement des commissaires envoyés, le chœur ne pouvait être rétabli, et l'on devait construire un mur qui servirait de gable à la nef et serait « de même structure et ordonnance que celui de l'autre bout de l'église sous les deux tours. »

Jacques Basin « *Maistre masson et architecte* » accepta de faire le tout pour 2500 écus et les *matériaux du chœur*. Jean de Baillehache refusa cet arrangement. Il trouva un autre entrepreneur, François de Cairon, qui accepta de reconstruire, à la place du gable, les deux gros piliers de la tour centrale avec les arcades et les voûtes. Les travaux commencèrent en 1602 ; la charpente fut adjugée en 1605, et la couverture en 1607. Le 15 juin 1608 Balthazar Catherine

« s'obligea faire les deux segondes vouttes des deux aisles de la nef de lantienne église. »

La nef achevée, le zélé prieur demanda au Parlement, en 1609, l'autorisation de restaurer le chœur. Il l'obtint le 3 août — Il rebâtit alors le côté septentrional du clérestory du chœur en élevant d'un pied l'appui des fenêtres pour donner plus de pente à la toiture, puis les murs extérieurs du bas-côté de la tribune jusqu'à l'abside ; enfin presque tout le mur du côté méridional ainsi que les voûtes qu'il porte. — En 1616, les derniers travaux intérieurs étaient adjugés, les balustrades des tribunes, la voûte de la grande nef et des bas côtés construites. — En 1619, la vitrerie, la serrurerie et la menuiserie étaient allouées à Fabien Crouillières. Le 17 mai 1626, l'église était solennellement reconciliée par Mgr d'Angennes, évêque de Bayeux.

A l'occasion de cette cérémonie, Dom Mathieu de la Dangie fit peindre, dans chaque chapelle, une inscription indiquant son vocable, les inscriptions étaient entourées de cartouches peints. Une seule est restée entière dans la chapelle qui sert de sacristie; une autre vient d'être mise à jour dans la chapelle qui se trouve près de l'horloge (1).

Les trois grandes portes de la nef, la chaire (2) et les stalles (3)

---

(1) L'inscription de la sacristie est ainsi conçue :

HÆC ARA DEO SUB

PATROCINIO SCTORUM THOMÆ

APLI AC EDMUNDI REGIS

SACRATA

Le fragment de l'autre chapelle nous indique qu'elle était dédiée à sainte Suzanne et à sainte Scholastique. Il ne porte que ces mots :

DEO V

RVM

SCHOLASTICÆ

(2) Nous parlerons de la chaire au chapitre troisième.

(3) Il y a 58 stalles hautes et 48 basses ornées pour la plupart de miséricordes fort curieuses et d'accoudoirs généralement bien sculptés. Les sujets des miséricordes moitié religieux, moitié profanes, sont :

Du côté de l'Evangile : *Stalles hautes* : 1 Personnage nu, couché — 3 Agnus Dei — 4 Armes de la Dangie — 5 Animaux chimériques — 7 Pélican — 9 Mercure tenant la caducée et la bourse — 10 Aigle avec des guirlandes — 11 Bacchus enfant tenant une coupe et un cruchon — 12 Enfant à ailes de papillon, jouant du triangle — 14 L'hiver, homme se chauffant; derrière lui un arbre

enfin la clôture de la sacristie subsistent seules du mobilier placé au xviie siècle. Mais alors les stalles étaient surmontées de cloisons qui se prolongeaient jusqu'au grand autel, et donnaient à l'église un aspect tout différent de celui qu'elle a aujourd'hui.

Pour être plus recueillis et à l'abri du froid des nuits, les religieux avaient complètement clos le chœur. Une grande porte de 9 pieds 1 pouce de haut sur 6 pieds 8 pouces de large s'ouvrait au bas des stalles — deux autres surmontées d'un côté des armes de Normandie et de l'autre de celles de l'abbé de Moret étaient de chaque côté de l'autel. — Des cloisons de 10 pieds 1 pouce y compris la corniche dans lesquelles s'ouvraient deux portes à deux ventaux fermaient les bas-côtés du chœur. D'autres clôtures isolaient complètement la chapelle Halbout, la chapelle servant de sacristie et plusieurs autres chapelles, de telle sorte qu'il n'y avait de libre que la grande nef pour les rares cérémonies publiques qui se tenaient dans la basilique. — Les jours ordinaires, la cha-

sans feuilles — 20 Harpie — 22 Enfant tenant une tête grotesque — 23 Enfant à ailes de papillon jouant de la mandoline — 24 et 26 Enfant couché — 28 Armes de Gaalon —— *Stalles basses :* 2 Draperies — 3 Armes de Chefval — 4 Ecolier lisant — 8 Animal à tête d'aigle et à queue de serpent — 11 Personnage nu près duquel est un vase — 12 Tête de mort en sautoir — 15 Armes de Sillans — 16 Petite tête ailée avec des cordons sortant de sa bouche — 19 Femme chaussée de cothurnes et vêtue d'une courte tunique — 24 Femme à queue de poisson, un miroir à la main, arrangeant ses cheveux.

Du côté de l'Epître : *Stalles hautes :* 2 Aigle avec guirlande — 5 Deux enfants nus lapidant saint Etienne — 6 Enfant tirant de l'arc — 9 Jupiter tenant la foudre et couché sur des nuages — 11 Buste d'enfant les mains jointes et deux enfants en pied — 13 Deux têtes d'enfant placées front contre front avec justaucorps et fraises --- 15 Tête avec guirlandes --- 16 Aigle ayant un collier au cou --- 19 Ange dans les nuages tenant un écusson --- 20 Pélican --- 21 Femme entourée d'épis tenant une faucille et une poignée de blé --- 26 Enfant portant une couronne d'une main et une branche de laurier de l'autre --- 27 Lion passant --- 29 Deux dauphins affrontés —— *Stalles basses :* 1 Jeune homme avec toque à plume et justaucorps jouant de la trompette --- 3 Personnage avec un bouclier et un cimeterre --- 5 Enfant avec ailes de papillon jouant du violon --- 14 Enfant à genoux vêtu d'une tunique et tenant un chapelet; derrière lui une chapelle --- 18 Sirène --- 19 Deux enfants ailés tenant une fleur, entre eux un vase de fleurs --- 20 Anachorète à genoux, derrière lui un loup --- 24 Chat emportant une souris.

Les têtes d'hommes ou de femmes en coiffures variées qui ornent les accoudoirs sont ordinairement mieux traitées que celles des miséricordes. On y rencontre aussi une tête de cheval, une de chien, et même une tête de mort.

pelle Halbout était suffisante pour les quelques fidèles qui venaient aux messes matinales et la procession des Rogations de Saint-Nicolas et de Saint-Ouen.

XVIIIe siècle. — Sauf la restauration faite en 1725 du sommet de la tour du Nord qui avait été frappée par la foudre le 26 janvier de cette année, les travaux accomplis à l'église dans ce siècle furent presque tous intérieurs. Ils ne laissèrent pas cependant d'être très importants, malgré la reconstruction du monastère commencée en 1704.

Sans parler du portrait de Guillaume le Conquérant qui remonte à 1708 (1) ni du jubé commencé en 1724, la tribune de l'orgue qui rappelle par sa coupe de pierre les voûtes anglaises en *Fantracery* fut construite pour recevoir l'instrument livré en 1741 par les frères Lefèvre de Rouen. L'horloge du transept fut exécutée en 1744. Elle porte l'inscription suivante :

DERIGÉE PAR FIERVILLE COMMIS

EXÉCUTÉE PAR GAUTIER, A CAEN 1744

Ce fut le même commis de l'abbaye Michel Fierville, qui fut envoyé à Paris, en 1771, pour « faire, arrester et conclure tous marchés et autres actes avec tels artistes et ouvriers qu'il jugera à propos pour la confection du principal autel, pavage en marbre du sanctuaire et presbitaire de la ditte église. » L'orfèvre Hervieu fournit les bronzes de l'autel qui coutèrent seuls 22000 livres (2).

----

(1) Le portrait actuellement placé dans la sacristie porte l'inscription suivante :

HANC WILLELMI NORMANNORUM DUCIS

ANGLIÆ CONQUESTORIS ET REGIS GENUINAM EFFIGIEM IN VETUSTO PARIETE DEPICTA

GRATI ANIMI SENSU IN TAM PIUM FUNDATOREM RENOVARUNT HUJ. ABBATIÆ RELIG^{SI}

S. MARTIN PINXIT   ANNO 1708.

(2) Voici la lettre que l'orfèvre envoyait avec ses bronzes : « Je suis très flatté, disait-il, que les religieux soient contents de ce qui est arrivé, ils ne le seront pas moins pour le reste, le bas-relief surtout est d'une beauté qui ne le cède pas à celui de Notre-Dame que tout chacun admire; les chandeliers et tabernacle soutiendront sa compagnie par les soins que M. Boreau se donne : il y a des pièces du tabernacle recommencées jusqu'à trois foix son opération de dorure, surtout les panneaux de latton qui ont eu mil peines à venir; comme le bas-relief a été doré autrement dit avivé trois foix à 4 couches d'or en feuilles en fain vous serez content. »

Le marbrier Jouniaux pava le chœur en marbre bleu de Turquie et bleu veiné de Gênes, et le sanctuaire en compartiments de différents marbres pour la somme de 15918 liv. 13 den.. Il plaça une nouvelle dalle de marbre blanc sur le tombeau de Guillaume (1).

Tout ce mobilier du xviiie siècle existe encore anjourd'hui. Le tabernacle, la croix et les chandeliers furent portés à la mairie pendant la Révolution. A leur occasion, le journal de l'armée des côtes de Cherbourg porte à la date du 23 frimaire de la 2e année de la République : « Les bustes de Brutus, de Socrate, de Rousseau, de Voltaire, de Marat et de Le Pelletier figureraient fort bien sur chacun de ces flambeaux pour que les vrais républicains pussent jouir à leur aise du plaisir de contempler ces amis, ces régénérateurs de l'espèce humaine. La croix étant surtout une chef-d'œuvre, le christ, le globe et le serpent ne laissant rien à désirer pour l'amateur de sculpture, on pourrait la placer entre les six grands hommes que nous venons de nommer.... Quant au tabernacle, on n'en pourrait faire un meilleur usage que pour y renfermer la charte précieuse de notre constitution et de la déclaration des droits de l'homme et du citoyen. Dans les fêtes publiques, on choisirait les citoyens les plus vertueux pour porter ce dépôt sacré. » Malheureusement la croix a été perdue.

Lorsque la Révolution éclata, la sacristie était magnifiquement montée d'ornements et de linge, qu'il serait trop long de décrire.

---

(1) L'inscription qui se trouve sur le tombeau de Guillaume le Conquérant a été renouvelée quatre fois, et le tombeau a été remplacé cinq fois. A l'origine il était placé presque à l'endroit où se trouve le lutrin. L'inscription actuelle gravée sur une dalle de marbre blanc dans le sanctuaire, a été mise par le général Dugua, en 1801. Elle reproduit textuellement celle de 1772. Elle est ainsi conçue :

✝

HIC SEPULTUS EST

INVICTISSIMUS

GUILLELMUS

CONQUESTOR

NORMANNORUM DUX

ET ANGLIÆ REX

HUJUSCE DOMUS

CONDITOR

QUI OBIIT ANNO

MLXXXVII

Tout fut à peu près perdu. Une coupe de vermeille garnie de médailles grecques et romaines en argent qui passait pour avoir été donnée à l'abbaye par Guillaume le Conquérant est conservée au musée des Antiquaires de Normandie.

XIX⁰ siècle. — Depuis cent ans, un certain nombre de modifications ont été apportées dans l'aménagment de l'église plutôt que dans l'édifice lui-même.

Cependant, l'église ayant été classée en 1841 au nombre des monuments historiques, l'Etat entreprit plusieurs travaux importants à ses frais. Sous la direction de M. Guy, on rétablit d'abord le sommet de la flèche Nord, puis on reconstruisit, en 1842, la tourelle qui occupe l'angle de la tour méridionale la plus rapprochée du grand portail.

En 1867, M. Ruprich Robert refit de nouveau le sommet de la flèche Nord dont les pierres avaient été disloquées par l'ébranlement d'une croix mal scellée. Il supprima la croix d'abord à cette tour, puis à la flèche méridionale lorsque les joints furent renouvelés.

A cette occasion, citons les lignes suivantes de M. Bouet, « dont la place, dit-il lui-même, serait plutôt dans une histoire de la paroisse moderne que dans celle de l'ancienne abbaye. »

« Selon quelques personnes, on craint le renouvellement de pareil accident; mais nous voyons des croix sur des flèches contenant des sonneries beaucoup plus fortes que celle de Saint-Etienne dont la grosse cloche ne pèse que 2548 kil.; la croix du clocher de Saint-Pierre dont la sonnerie est égale à celle de Saint-Etienne n'a jamais causé d'inquiétude, et ces clochers eux-mêmes ont reçu autrefois une cloche de 26000 livres : il ne doit donc pas être impossible aujourd'hui que l'on parle tant du progrès de la science, de disposer les beffrois de façon à atténuer les mouvements communiqués aux flèches par les cloches.

Une autre raison a été donnée : il ne doit, dit-on, y avoir qu'une croix sur chaque église. Il y a là quelque chose de spécieux et qui pourrait en effet être pris en considération s'il s'agissait d'élever une église neuve dominée par une tour centrale; mais il sagit ici d'une église ancienne; faudra-t-il pour être conséquent, supprimer les croix qui existent, supprimer la croix romane qui termine le gable du transept et la petite croix de pierre des tourelles de l'abside?

Faudra-t-il supprimer celles des deux flèches qui, dominant tout l'édifice, annoncent au loin une église chrétienne?

De plus, cette croix que l'on supprime, nous l'avons vue placer il est vrai; mais elle en remplaçait une autre, comme celle du midi remplace celle que la foudre avait renversée en 1725. Les vues de l'abbaye représentent les flèches surmontées de croix en 1684 et 1632; cela nous conduit bien près de 1564, et la non-existence de croix avant cette époque ne prouverait qu'une chose : c'est que, du moment que la tour centrale n'était plus le point le plus élevé, on avait tenu, à une époque où les règles liturgiques étaient plus connues et plus respectées qu'aujourd'hui, à placer celle-ci sur le point dominant de l'édifice (1). »

Une somme de 100,000 fr. ayant été votée par le gouvernement et la ville, tout l'extérieur de la nef fut restauré. On commença d'abord par la façade dont le pignon fut considérablement baissé ainsi que la partie de la toiture qui se trouve entre les deux tours. Du côté du lycée, on ouvrit des fenêtres romanes dans le bas-côté à la place des arrache-jours qui ne donnaient aucune lumière et qui n'avaient aucun style. Tout autour de la nef régnait à l'extérieur une galerie semblable à celle qui se trouve dans les tribunes et qui était d'une grande utilité pour accéder aux couvertures. Sous prétexte qu'elles n'étaient pas du style à l'église, elles ont été enlevées, malgré leur parfait état de conservation (puisse le placage que l'on a fait être d'une égale solidité!) Tous les vitraux de la nef ont été exécutés en même temps que les travaux précédents qui ne se sont terminés qu'en 1880.

Comme les autres travaux de l'église sont l'œuvre des curés qui se sont succédés à Saint-Etienne, nous rendrons à chacun l'honneur qui lui revient, en signalant dans le cours de cette histoire, les restaurations et les embellissements accomplis par eux.

____

(1) G. Bouet, Analyse architecturale de Saint-Etienne, p. 164 et 165.

CHAPITRE DEUXIÈME

CRÉATION DE LA PAROISSE SAINT-ETIENNE

Lorsque, dans un désir insensé de tout changer, l'Assemblée Constituante de 1789 voulut toucher aux questions religieuses, « la légèreté, l'irréflexion de ses décisions, dit Dareste, parurent tourner au vertige (1). »

Vainement, lorsqu'elle s'arrogea le pouvoir de conférer à la seule puissance civile la création de nouvelles circonscriptions de diocèses ou de paroisses, les députés ecclésiastiques se levèrent-ils pour contester sa compétence dans une question de juridiction spirituelle.

Vainement, lorsqu'elle voulut exiger le serment de la constitution civile du clergé, Cazalès s'écria-t-il : « Croyez-vous en chassant les évêques de leurs siéges, les curés de leurs presbytères, vaincre la résistance que leur conscience vous impose? Non, vous êtes au premier pas de la persécution qui s'ouvre devant vous. Doutez-vous qu'une partie des fidèles ne demeure attachée à ses anciens pasteurs et aux principes éternels de l'Eglise? Alors le schisme est introduit, les querelles de religion commencent, le royaume sera divisé. Vous verrez les catholiques, errants sur la surface de l'empire, suivre dans les cavernes, dans les déserts, leurs ministres persécutés, afin de recevoir d'eux des sacrements valides. » L'Assemblée n'écouta rien. Elle traita de *réfractaires* ceux qui ne voulurent pas se soumettre à ses lois et passa outre, malgré le terrible pronostic de l'intrépide abbé Maury : « Prenez garde, il n'est pas bon de faire des martyrs. »

____

(1) Dareste, *Histoire de France*, t. VII, p. 231.

L'Eglise de France eut l'honneur de compter, à différents titres, les trois quarts de ses prêtres dans ce nombre glorieux. Elle eut aussi, dans ces jours d'épreuve, la consolation de voir les fidèles compatir à ses peines et souffrir avec elle.

Entre toutes, la ville de Caen se distingua par les protestations de son Université et de son clergé. Elle eut son martyr, M. l'abbé Gombault, curé de Saint-Gilles. Elle eut ses prisonniers, ses généreux confesseurs qui exercèrent le saint ministère dans le secret. Elle eut ses vaillants chrétiens qui ne craignirent pas de manifester leurs croyances au péril de leur vie.

Si tous ces héros n'ont pas eu leur histoire, nous leur consacrerons au moins quelques pages en les mettant en parallèle avec ces hommes que la Révolution mit à leur place dans cette partie de la ville de Caen qui forme aujourd'hui la paroisse Saint-Etienne.

En 1789, l'abbaye de Saint-Etienne de Caen existait encore et comptait une vingtaine de religieux dans ces magnifiques bâtiments actuellement occupés par le Lycée.

En temps ordinaire, l'église ne servait qu'à leurs offices capitulaires. Mais, dans les grandes circonstances, dans les fêtes publiques qui devaient réunir une foule nombreuse, elle livrait ses vaste nefs à la multitude.

C'est ainsi que le 8 février 1790 pour la prestation du serment des officiers municipaux « Messieurs les Prieurs et Religieux se rendirent au chœur et chantèrent le *Te Deum* en l'honneur d'un aussi grand jour, avec cette dignité et cette pompe qui accompagna toujours chez eux le culte divin (1). »

Cependant l'orage grondait sur le vieux monastère et menaçait d'éclater. Les vexations se succédaient. Après la déclaration des biens (4 mai 1790) était venue la confiscation. Celle-ci entraînant la misère à sa suite obligea le conseil municipal à voter, le 30 juin, « une provision de 4000 livres aux religieux pour leurs besoins et leurs dettes pressantes ». Enfin le District ayant établi ses séances dans l'une des salles de l'abbaye, les allées et venues du public finirent par rendre la situation des religieux intolérable : « Messieurs les prieurs et religieux de l'abbaye de Saint-Etienne vinrent, le 29 octobre, faire la déclaration qu'ils sont dans l'intention de

______

(1) Archives de la ville de Caen, délibérations de la municipalité.

quitter ladite abbaye et de profiter des décrets de l'Assemblée nationale qui leur permettent de se retirer dans telle partie du royaume que bon leur semblera (1). »

Ils célébrèrent encore solennellement la fête de la Toussaint et celle des Morts dans leur magnifique basilique. Mais le glas funèbre de la cloche qui convoqua les fidèles à prier pour les défunts, sonna en même temps la fin d'un grand ordre religieux fixé, depuis des siècles, dans la ville de Caen.

Singulière coïncidence que cette date et qui laissa dans l'âme de ceux qui en furent les témoins et les victimes un poignant souvenir :

« Il me semble voir encore, disait Dom Ribard après la Révolution, nos malheureux frères emportant à la hâte dans cette triste journée, ce qu'ils avaient de plus précieux, leurs ornements, leurs livres, inutiles objets qui ne devaient servir qu'à embarrasser et qu'à trahir une vie dès lors errante et persécutée (2). » Les religieux ne purent emporter que leur effets (3) ; le mobilier destiné à être vendu resta.

Le 6 décembre, la ville décida l'acquisition de l'abbaye « au nom des pauvres de l'Hôtel-Dieu (4). » — Elle acheta, le 4 mai suivant, l'Hôtel Abbatial 20,700 livres. L'église resta libre et sans destination provisoire.

Dans cet intervalle (avril 1791) « le Directoire du département y fit célébrer un service pour Mirabeau. Toutes les autorités, la garde nationale, les troupes de la garnison y assistèrent ; une foule immense était entassée dans l'église débordant au-dehors de l'édifice (5). »

A la même époque (1789) il y avait à Caen treize paroisses : Saint-Pierre, Saint-Jean, Saint-Gilles, Saint-Georges-du-Château, Notre-Dame, Saint-Sauveur, Saint-Julien, Saint-Martin, Saint-Nicolas, Saint-Etienne, Saint-Ouen, Vaucelles et Sainte-Paix.

(1) Archives de la ville de Caen, délibérations de la municipalité.
(2) Une visite au collège de Caen par Edon.
(3) Délibération du Conseil municipal du 29 octobre.
(4) L'Hôtel-Dieu n'a jamais été transporté à l'abbaye de Saint-Etienne. Celle-ci devint, pendant la Révolution, le siège de différentes administrations, notamment du Directoire du département. Le District tenait ses séances dans la grande salle du Chapitre qui est devenue la chapelle du lycée.
(5) Les fêtes nationales à Caen pendant la Révolution, p. 10.

Lorsqu'il fallut exécuter le décret rendu par l'Assemblée Nationale, au mois d'août 1790, pour la nouvelle circonscription des paroisses, les Assemblées du district et du département se mirent en rapport avec la commune pour former le dossier destiné au comité ecclésiastique chargé de préparer les ordonnances royales.

C'est dans la séance du 22 février 1791, que le conseil municipal de Caen reçut « la lecture d'une lettre de Messieurs les administrateurs du directoire du district en date du 19 de ce mois, ainsi que la copie de celle de Messieurs les administrateurs du département relative à la circonscription des paroisses » — Quatre commissaires et deux suppléants furent aussitôt nommés « pour se livrer incessamment aux opérations nécessaires pour cet objet. »

Le 1er mars, ils donnèrent lecture de leur rapport qui fut jugé insuffisant, n'étant pas accompagné de plans descriptifs.

Le 3, ils communiquèrent deux projets « dans leur ensemble et leur détail pour être envoyés à Messieurs les administrateurs du directoire du district pour les approuver, les changer ou les modifier ainsi qu'ils le jugeront convenable (1). »

Enfin, après un échange de vue pour savoir si le nombre des paroisses serait de six ou de sept (dans le premier cas Saint-Etienne serait devenu Sainte-Marie) ce dernier nombre fut admis et soumis à l'approbation de Louis XVI qui rendit son ordonnance le 12 juillet 1791 (2).

Les quatre paroisses supprimées furent : Saint-Georges-du-Château, Saint-Martin, Saint-Nicolas et Saint-Julien. — Les sept conservées avec le titre curial furent : Saint-Jean, Saint-Gilles, Saint-Pierre, Notre-Dame, Saint-Sauveur, Saint-Etienne et Saint-Michel de Vaucelles. Les paroisses de Sainte-Paix et de Saint-Ouen prirent le titre de succursales et furent réunis, l'une à Vaucelles, l'autre à Saint-Etienne. Saint-Germain-la-Blanche-Herbe qui jusque-là avait fait partie du doyenné de Maltot, fut aussi rattaché avec le titre de succursale à Saint-Etienne de Caen.

Les changements introduits dans la démarcation des paroisses amenèrent quelques substitutions dans les églises. Ainsi l'église de l'abbaye de Saint-Etienne fut substituée à celle de Saint-Etienne-

____

(1) Registre des délibérations du Conseil municipal.

(2) « Le Directoire, vu les circonstances impérieuses et pressantes adopte le projet de la Municipalité le 26 mai. Fauchet l'approuve le 2 juin » (Préfecture).

le-Vieux; l'église de Saint-Sauveur située sur la place du Marché fut fermée et son titre transféré à Notre-Dame de Froide-Rue (1); Enfin l'église des Jésuites devint Notre-Dame ou la Gloriette.

Quelle fut la cause de ce bouleversement qui suscita, dès la promulgation de la loi, de vives réclamations même de la part des paroisses conservées (2)? Nous n'osons pas croire qu'elle fut absolument surnaturelle, et que les commissaires chargés de la délimitation des paroisses n'eurent en vue que le bien spirituel des âmes. Ce fut le contraire qui eut lieu.

De graves évènements s'étaient passés aux mois de janvier et de février. Le clergé mis en demeure d'accepter et de proclamer la Constitution civile qu'on voulait lui imposer, avait répondu par cette magnifique *Déclaration des curés de la ville de Caen* que tous signèrent, à l'exception de M. de la Prise, curé de Saint-Pierre (3).

(1) Notre-Dame de Froide-Rue ne fut pas immédiatement choisie pour remplacer Saint-Sauveur. La proclamation du maire pour l'installation des curés élus, et la fermeture des églises supprimées porte que *Saint-Sauveur est transféré aux Cordeliers* (28 mai).

(2) Dans sa séance du 2 août 1791, le District constate « que la délimitation des paroisses créant des difficultés et des rivalités, il faut une nouvelle demarcation. Les habitants pourront s'assembler pour discuter et pétitionner dans leur intérêt. Leur délibération sera envoyée à la municipalité et de celle-ci au District. Un ou deux commissaires seront nommés pour administrer les biens des fabriques et convoquer les habitants de chaque paroisse quand la municipalité l'autorisera » (Archives de la Préfecture) Nous ne voyons pas que ces convocations aient jamais été faites.

(3) Voici cette admirable Déclaration : « Dans un temps où les Pasteurs de l'Eglise de France peuvent dire plus que jamais, avec Saint-Paul, *nous sommes donnés en spectacle au monde, aux anges et aux hommes,* les curés de la ville de Caen ont compris qu'ils avaient de grands devoirs à remplir, de grands exemples à donner, de grands sacrifices à faire.

« On exige qu'ils prêtent le serment décrété par l'Assemblée nationale, dans sa séance du 27 novembre dernier, au sujet de la *constitution civile du clergé.* Ils sont menacés d'être privés de leurs offices, et peut-être de leur traitement s'ils ne le prêtent pas au temps prescrit.

« Les curés de Caen, accoutumés à vivre de peu, ne murmureront pas, si on leur refuse une rétribution méritée. Ils sauront, à l'exemple de l'Apôtre, être *dans la disette, comme dans l'abondance.* Ad Philip. v. 12.

« On ne pourra soupçonner la droiture de leurs vues, puisque l'état qu'on offre dans le nouvel ordre des choses, s'ils prêtent le serment exigé, est bien plus avantageux que celui dont ils ont joui jusqu'à ce jour.

« Et pour obéir à leur conscience, ils avertissent les ministres, qui seroient choisis pour les remplacer, qu'ils ne peuvent, sans leur consentement, et sans

— L'Université avait protesté. — Le Maire, M. de Vendœuvre, avait
donné sa démission « ne voulant pas employer son ministère pour

une mission légitime, paître le troupeau de Jésus-Christ, ni le conduire dans
les voies du salut, et que s'ils venoient à s'arroger ce ministère, ils ne seroient,
suivant le langage de l'Eglise, que des intrus et des mercenaires.

« Ils protestent à leurs paroissiens qu'ils conserveront toujours pour eux les
sentiments de la charité la plus tendre, qu'ils leur demeureront inviolable-
ment attachés, qu'ils ne veulent pas cesser d'être leurs guides dans les voies du
salut, leur conseil et leurs Pasteurs, qu'ils rempliront à leur égard, toutes les
fois qu'il leur sera possible, les devoirs du sacré ministère, tant que l'Eglise les
comptera au nombre de ses Pasteurs ; prêts à faire tous les sacrifices que cette
mère commune des fidèles pourroit exiger d'eux.

« Pénétrés de ces sentimens, les curés de la ville de Caen s'empressent de
faire connoître aux fidèles de cette ville, les motifs impérieux qui décident leur
conduite dans les temps difficiles où nous sommes.

« Considérant donc, que le serment est un acte par lequel on prend Dieu à
témoin de la vérité de ce que l'on dit, et de la sincérité de la promesse qui
est faite ; que par conséquent cet acte tient à l'adoration ; qu'il demande un
respect profond, une crainte religieuse, un mûr examen.

« Considérant qu'il appartient exclusivement à l'Être suprême d'exiger un
serment absolu, parce qu'il est seul la justice et la vérité par essence.

« Que l'homme usurperoit l'autorité divine, en prétendant astreindre son
semblable à un pareil serment, sans permettre qu'il s'explique, lorsqu'il juge
cela nécessaire pour la tranquillité de sa conscience et la sûreté de sa religion.

« Considérant que Dieu ne donne pas *sa gloire à un autre* (Isa. 48, 11) ; qu'il
a lui-même expliqué la nature et les conditions du serment ; qu'il prescrit aux
Pasteurs de les développer à son peuple, et qu'il leur a commandé de lui dire
qu'on ne doit jurer que *dans la vérité, dans le jugement et dans la justice.*
(Jerem. 4-2).

« Considérant que le serment exigé n'est pas conforme à ces règles prescrites
par la divinité même ; qu'il alarme les consciences droites ; qu'il est contraire
aux dogmes de notre foi, à la parole de Jésus-Christ, à la juridiction et à la
discipline de l'Eglise, que par une suite nécessaire il est interdit à tout chrétien, et que d'ailleurs il ne peut être d'aucune utilité pour la constitution.

« Déclarent les curés de la ville de Caen, que fidèles à Dieu, auquel il faut
rendre ce qui lui appartient, il ne leur est pas possible de prêter d'une manière pure et simple, le serment prescrit par le décret du 27 novembre dernier.

« Que voulant, aux termes de l'Evangile, *rendre à César ce qui est à César*, et
donner à leurs frères, les citoyens de la ville de Caen, des preuves non équi-
voques du patriotisme saint et éclairé qui les enflâme, il sont toujours prêts à
s'engager par serment à être fidèles à la loi, celle qui s'accorde avec la loi
éternelle et qui en émane ; à la nation dont ils font partie avec les autres françois qui la composent et que l'Evangile leur ordonne d'aimer comme eux-mêmes ;
au roi, qu'ils respectent, qu'ils chérissent et dont ils ont demandé qu'on main-
tint le gouvernement monarchique, comme le seul convenable à la nation
française ; enfin à la constitution décrétée par l'Assemblée nationale, en tout

faire prêter aux ecclésiastiques fonctionnaires le serment exigé d'eux (1). »

Enfin, le peuple attaché à sa foi était devenu menaçant au point de « huer, insulter et même jetter des pierres aux deux membres de la municipalité envoyés dans chaque paroisse pour lire cette instruction, tandis que les curés au contraire étaient reconduits par leurs paroissiens de crainte qu'ils ne fussent maltraités (2). » Cela suffisait, il n'en fallait pas davantage.

Les curés du Vieux-Saint-Etienne, de Saint-Sauveur du Marché, de Saint-Martin, de Saint-Nicolas et de Saint-Julien ayant refusé d'obtempérer à l'ordre qui leur était donné, leurs paroisses furent supprimées et la nouvelle paroisse Saint-Etienne fut créée. C'était un moyen radical mais assez singulier de punir les prétendus coupables. — Il ne fut pas du goût des paroissiens qui se hâtèrent de signer des pétitions pour protester.

La requête des habitants de Saint-Nicolas, datée du 7 avril 1791, exprime en termes énergiques la ferme volonté qu'ils ont de ne pas consentir à la disparition de leur église et de leur curé :

« Quant à la suppression de notre paroisse et de notre église nous déclarons que nous ne céderons qu'à la force ; nos ancêtres

ce qui ne blessera pas la religion catholique, apostolique et romaine, dont ils sont les ministres et dans laquelle ils veulent vivre et mourir.

« Que si l'on refuse de recevoir leur serment ainsi motivé, ils prennent le ciel, seul appui qui leur reste, à témoin de la pureté de leur intention. Ils déclarent à leurs concitoyens, à la France entière, à l'univers chrétien qu'ils sont prêts à consentir pour une si belle cause à tous les sacrifices, et qu'ils préféreront tous les traitemens qui pourroient leur être faits, à l'offense de leur Dieu et à la violation des loix saintes de la justice et de la religion.

« Fait et arrêté à Caen, ce vendredi 7 janvier 1791.

« Signés : Méry, curé de Notre-Dame ; Lentaigne, curé de Saint-Sauveur ; Bonhomme, curé de Saint-Nicolas ; Beaunier, curé de Saint-Etienne ; Marc, aumônier-curé du Château ; Desbordeaux, curé de Saint-Julien ; Bunel, curé de Saint-Jean ; Vasnier, curé de Sainte-Paix ; Gombault-Duval, curé de Saint-Gilles ; Hébert, curé de Saint-Michel-de-Vaucelles ; Jouvin, curé de Saint-Martin ; Noel, curé de Saint-Ouen. » (Biblioth. de Caen).

M. Hébert, curé de Vaucelles, se rétracta le 14 devant la municipalité, et publia une brochure de 26 pages intitulée : Motifs pressants de prêter le serment civique exigé des fonctionnaires publics du clergé par l'Assemblée nationale le 27 novembre 1790, par Hébert, curé de Vaucelles. Elle fut imprimée par ordre et aux frais de la Société des Amis de la Constitution.

(1) Registre des délibérations du Conseil municipal.

(2) Archives de la mairie, adresse de la municipalité de Fécamp.

y ont pris naissance, leurs cendres et les restes précieux de leurs ossements y reposent, il est impossible que nous consentîons à effacer de nos âmes des sentiments que la nature et la religion semblent y avoir posés. Ces temples ont été bâtis par nos pères et de leurs propres fonds pour notre utilité; il y a nombre de siècles que la Divinité y reçoit nos adorations et nos hommages, que nous y avons reçu les enseignements de la religion catholique pour laquelle nous sommes prêts à verser notre sang. Rien ne pourrait vaincre les répugnances que nous aurions d'aller ailleurs faire l'exercice du culte divin.

Quant à la possession de notre curé, depuis environ 30 ans que la Providence nous l'a donné pour être notre pasteur, sa bienfaisance, sa régularité, ses soins, ses instructions nous ont forcés de le regarder comme un père, un protecteur, un conseiller prudent, un véritable ami. Tous ces titres de reconnaissance, de respect et d'attachement qu'il a sur nos cœurs ne nous permettent point de le laisser s'éloigner de nous, ni l'arracher de nos bras que nous périssions avec lui. L'histoire nous rapporte des exemples de sacrifices qu'ont fait des amis pour leurs amis qui sont moins fondés que les nôtres; il est instruit des principes de la religion; il n'a pas prêté le serment, c'est une preuve que ce serment n'est pas nécessaire pour être vrai et bon citoyen; il en a fait la preuve dans toutes les places qu'il a occupées soit au comité, soit à la municipalité de notre ville, quelques peines, quelques fatigues, quelques menaces qu'il ait essuyées de la part des méchants pour l'empêcher de se prêter dans les temps critiques aux besoins de la ville et de ses concitoyens. Il a couru ces dangers pour marquer sa fidélité à la nation, au roi et à la loi. De là nous avons jugé qu'il est aussi bon citoyen, aussi fidèle patriote que qui que ce soit : pourquoi nous déclarons que nous ne consentons point ni au changement de notre église ni à la déposition de notre curé, et que quand nous avons donné à nos députés, au Tiers-Etat, nos vœux et nos pouvoirs, nous n'avons jamais entendu qu'on fît à nos cœurs des plaies aussi sensibles.

A Caen, 7 avril 1791 (1).

Monsieur Bonhomme qui était alors curé de Saint-Nicolas méritait tous ces éloges et cet attachement de ses paroissiens.

(1) Archives de la mairie de Caen.

C'était un homme de valeur, de haute piété, jouissant de l'estime générale à tel point qu'il fut plusieurs fois chargé de missions délicates par la municipalité, et choisi en 1789, avec M. Lentaigne curé de Saint-Sauveur, pour être l'un des rédacteurs du *Cahier du Clergé* du grand Baillage de Caen. Son seul crime était de ne vouloir trahir ni sa foi ni sa conscience par un serment qu'elles réprouvaient.

Pendant toute la Révolution, caché, croyons-nous, à Bretteville, il ne cessa de répondre à la confiance de son troupeau et de combattre par ses écrits les illusions et les théories erronées de M. de la Prise, curé de Saint-Pierre. Persuadé que chez ce dernier « l'erreur n'était qu'apparente et que la peur expliquait ses contradictions », il ne craignit pas de lui adresser de sévères reproches, tout en reconnaissant par ailleurs « ses excellentes qualités et ses vertus morales (1). »

De son côté, M. de la Prise conserva toujours une telle estime, une telle affection respectueuse pour le zélé curé de Saint-Nicolas, que la première fois que Mgr Brault se rendit à Caen pour présider une cérémonie religieuse, il s'empressa, en présence de tout le clergé catholique, de le présenter au vénérable Prélat, comme l'un de ceux qui étaient le plus digne de l'assister à l'autel.

A la réouverture des églises, M. Beaunier, ancien curé du Vieux Saint-Etienne qui fut chargé de desservir provisoirement la nouvelle paroisse de Saint-Etienne, le pria de le seconder dans son ministère, ce qu'il accepta. Il mourut le 8 mai 1803 dans un âge avancé.

Les habitants de Saint-Martin suivirent immédiatement l'exemple

---

(1) Voici la liste des brochures de M. Bonhomme : Conférence entre deux curés, l'un constitutionnel, l'autre catholique ou insermenté, au sujet d'une brochure intitulée : *Préservatif contre la séduction* attribuée à l'abbé Moulland, curé de Saint-Martin de Bayeux, par les brochures du temps, in-8 de 42 p.

Réponse de M. le Curé de Saint-Nicolas, à une lettre de M. le curé de Saint-Pierre, in-8 de 22 p.

Enfin, le dernier écrit de M Bonhomme est un véhément appel aux prêtres constitutionnels qu'il conjure de revenir à l'Eglise. Après une série de conférences sur l'autorité du pape, l'institution des Evêques, la discipline ecclésiastique et la supériorité des Evêques, il termine par une péroraison commençant ainsi : « Les évêques sont revenus, l'archevêque de Paris l'a fait, l'évêque Fauchet votre chef, le premier de votre hiérarchie, l'a fait, mille constitutionnels l'ont fait, pourquoi ne le feriez-vous pas.....

que leur donnaient les paroissiens de Saint-Nicolas : « Persuadés, disent-ils, que conformément aux décrets, les peuples doivent être consultés et écoutés sur cette réforme ordonnée pour leur plus grande utilité et non pour leur affliction et une plus grande difficulté de remplir leurs devoirs..... que s'il y a quelques changements à faire dans les paroisses, les paroissiens seuls intéressés à la chose sont plus propres que personne pour en juger..., que leur temple est fait pour eux et qu'il en est de même de leur curé, l'un et l'autre étant une espèce de propriété qu'on ne peut leur enlever malgré eux sans injustice, sans violer le droit naturel, la liberté civile et religieuse et les lois sociales..... L'accroissement de la population exige plutôt l'augmentation que la diminution des églises curiales dans une ville où l'on compte environ 50,000 âmes et seulement 13 paroisses..... Si c'est par économie, ils paieront leur curé et son vicaire, mais ils veulent garder M. Jouvin leur digne pasteur, qui, par le bon exemple de ses saintes mœurs, la pureté de sa doctrine et la plus scrupuleuse fidélité à tous ses devoirs s'est rendu infiniment précieux à son troupeau. »

A cette pétition était jointe celle des habitants du hameau de la Folie qui dépendait de la paroisse Saint-Martin. Eux aussi réclamaient « un pasteur qui ne leur a jamais recommandé que la soumission aux lois, deux prêtres qui se sacrifient chaque jour au troupeau qui leur a été canoniquement confié (1). »

Comme nous aurons bientôt l'occasion d'admirer le zèle de M. Jouvin, disons seulement qu'il était docteur en théologie, et qu'avant sa prise de possession de la cure de Saint-Martin, au commencement de janvier 1786, il était professeur de philosophie à l'Université de Caen (2).

Lorsque les habitants de Saint-Ouen eurent appris qu'ils allaient être réunis à Saint-Etienne comme succursale, ils signèrent une pétition non moins énergique que la précédente, et ils chargèrent l'un d'entre eux, François Vauquelin, de la présenter, le 11 avril, à l'Assemblée électorale du district de Caen, en l'église Saint-Pierre.

Comme la protestation relative à la suppression de la paroisse

(1) Archives de la ville de Caen.

(2) L'église Saint-Martin, située presque à l'angle de la rue de ce nom et de la rue de l'Académie, fut abattue pendant la Révolution. Il n'en reste plus que deux arcades ogivales dans le premier jardin à gauche en entrant dans la rue de l'Académie.

est à peu près identique à celle de Saint Nicolas, nous ne croyons pas utile de la reproduire. « Quant à la déposition de leurs curé et vicaire, disent-ils, ils n'y consentiront pas davantage ; ils ne permettront pas qu'on arrache d'entre leurs bras des hommes qui leur ont été donnés pour être leurs pasteurs et leurs guides. S'il faut périr ils périront avec eux. Qu'on ne leur impute pas d'être refractaires à la loi ; comme citoyens ils s'y soumettent et feront pour elle tous les sacrifices ; ils jureront volontiers de maintenir une constitution qui assure le bonheur et la tranquillité du peuple français dont ils font partie, constitution purement politique qui ne blesse en rien les droits de la religion et de l'Eglise dont ils sont les ministres (1). — A Caen, ce 9 avril 1741.

Le résultat de cette requête fut ce que l'on devait attendre : l'Assemblée protesta contre cet écrit qui fut qualifié d'*incendiaire*, procès-verbal en fut dressé et ce fut tout.

Le 6 juin, la municipalité installa le sieur Beaussieu à la succursale de Saint-Ouen et écrivit au District : « de faire deguerpir le sieur Noel pour laisser le presbytère libre (2). » Le lendemain Beaussieu envoya sa démission et fut remplacé quelques jours plus tard par Jean Dufossey.

La requête des habitants de Saint-Julien nous intéresse à un autre titre. M. Desbordeaux, qui devint curé de Saint-Etienne après la Révolution, était alors curé de cette paroisse. Or, voici en quels termes ses paroissiens le réclamaient :

Depuis 18 ans, disaient-ils, que la Providence l'a placé au milieu d'eux, il n'a cessé de les édifier par son exemple, par sa prédication, par sa charité envers les pauvres, par son assiduité auprès des malades dont il est la consolation et par son assiduité à remplir les fonctions pastorales. Reconnaissants envers leur Pasteur les habitants de Saint-Julien ne cessent de le respecter et de lui rendre toute la justice qui lui est due..... Quand au serment, la liberté

(1) Archives de la ville de Caen.
(2) Archives de la ville de Caen. — « M. Gaugain, vicaire de Saint-Ouen, prit son passeport à la mairie le 3 septembre 1792, et s'embarqua, le 7, à Bernières-sur-Mer, avec MM. Beaunier et Leboussonnier, curé et vicaire du Vieux Saint-Etienne, Desbordeaux, curé de Saint-Julien, Lentaigne, curé de Saint-Sauveur, Marc, curé de Saint-Georges-du-Château et Poignant, prêtre de Saint-Nicolas. Ils firent voile pour l'Angleterre à bord du bateau du capitaine Cagniard. »

de le prêter a été decrétée pour tous les citoyens sans distinction ;
les prêtres doivent jouir de ce droit. Leur refus n'est pas un motif
d'exclusion pour les places qu'ils remplissent ; ils sont toujours les
vrais Pasteurs et les fidèles ont droit de les réclamer. Leur mission
est spirituelle, aucune autorité n'a droit de la détruire. Les
paroissiens de Saint-Julien pénétrés de ces principes ne s'en écar-
teront jamais, et quelque division que l'on fasse, l'ancienne sera
leur modèle, jusqu'à ce que l'Eglise dépositaire de la foi ait autrement décidé... (1). »

Cette protestation eut le sort de la précédente. Seulement,
l'exaspération qu'elles déterminèrent fut telle, que la proclamation suivante de la commune de Caen fut affichée, le 12 avril,
sur les murs de la ville :

« Considérant que pareilles œuvres ne peuvent être que le fruit
d'une coalition criminelle contre les droits de l'Assemblée nationale concernant la constitution civile du clergé et ne tendent qu'à
entretenir l'esprit de révolte et de sédition contre les principes
régénérateurs de notre liberté déclare et répute les auteurs et
signataires desdites requêtes garants et responsables de tous trou-
bles et désordres mêmes les plus légers qui viendraient à se
manifester relativement et jusqu'à la parfaite exécution du remplacement des fonctionnaires publics ecclésiastiques désobéissant
à la loi du serment, pour en ce cas lesdits signataires être poursui-
vis criminellement comme artisants, fauteurs et instigateurs des
malheurs publics et d'insurrection populaire. »

En la maison commune de Caen, ce 12 avril 1791, Bonnet de
Meautry, maire. — Delarocque, secrétaire greffier (2).

A la suite de cette proclamation, cinq personnes retractèrent
leur signature par peur et par faiblesse.

Antérieurement à la *Déclaration*, la passion politique avait déjà
créé des difficultés aux curés de Saint-Sauveur-du-Marché, et de
Saint-Etienne-le-Vieux.

Dès le 8 mai 1790, M. Lentaigne, curé de Saint-Sauveur, avait
été retranché de la liste des citoyens actifs et éligibles de la 4e section de la ville réunie en l'abbaye de Saint-Etienne, pour avoir
ajouté au serment ces mots qui n'avaient cependant rien d'exces-

(1) Archives de la ville de Caen.
(2) Archives de la ville de Caen.

sit : « c'est dans l'esprit de la justice et de la religion que je le jure (1). »

M. Beaunier, de Saint-Etienne, avait lu en chaire, le 21 décembre 1790, le Mandement de Mgr de Cheylus évêque de Bayeux, contre la nouvelle division des diocèses qu'il regardait comme une attaque directe à la puissance de l'Eglise. — Il fut dénoncé le 23, par la Municipalité au Directoire du District qui chargea le procureur-syndic Costy, d'aviser à punir le coupable (2).

Monsieur Jouvin parla dans le même sens, le 9 janvier 1791, et fit un discours sur l'ingérence des pouvoirs civils en matière religieuse.

Dès le 13 « La Société des Amis de la Constitution, séante aux Jacobins de Caen, dénonce au Directoire du District de Caen le sieur Jouvin, curé de Saint-Martin-de-Caen, pour avoir en chaire à la messe, le 9 janvier, annoncé qu'il ne prêterait pas le serment et a lancé l'anathème contre le pouvoir exécutif chargé de procéder nécessairement à la nomination de nouveaux fonctionnaires publics au lieu des ecclésiastiques réfractaires à la loi..... s'est oublié au point d'appeler intrus les prêtres qui seraient choisis pour le remplacer et d'inviter ses paroissiens à ne les point reconnaître ; a même employé les larmes et les doléances les plus suspectes pour persuader que nos législaleurs avaient conçu le projet de détruire la religion et de proscrire les légitimes pasteurs en leur donnant des entraves que leur conscience leur défend de recevoir. — La Société toujours attentive aux intérêts de l'ordre et de l'harmonie trouve la cause de ces effets funestes dans la coalition constante des prêtres fanatiques de tous les départements. Cette confédération sacerdotale n'a pour but que de renverser l'œuvre de la liberté naissante. Elle le dénonce comme perturbateur, comme séditieux et comme parjure. Et son délit est plus grave à cause de sa qualité de notable en la municipalité de Caen. Elle espère que la municipalité, dans son patriotisme éclairé, prendra en très grande considération la présente dénonciation et arrêtera par tous les moyens en son pouvoir le progrès des maux qui menacent l'empire et particulièrement la cité (3). »

(1) Archives de la Préfecture, District de Caen. M. Lentaigne, docteur en théologie fut deux fois recteur à l'Université de Caen.

(2) Archives de la Préfecture, District de Caen.

(3) Archives de la Préfecture du Calvados. District de Caen.

Cette adresse présentée à la municipalité le 11 par deux membres de ces prétendus amis de la Constitution fut envoyée le 13 au Procureur Costy qui fit immédiatement son réquisitoire. Après avoir vanté *l'amour de la liberté* et le *patriotisme* du club, il gémit sur l'égarement du sieur Jouvin qui doit enseigner l'obéissance aux lois et qui, comme notable, s'est engagé par serment à remplir avec fidélité sa fonction et à maintenir la Constitution. Il devient le précurseur de la révolte contre le décret du 26 novembre; il se livre à tout ce que l'art oratoire peut lui inspirer pour révolter le peuple contre une loi qui n'exige qu'un acte de fidélité que tout citoyen doit à sa patrie. Il devient donc un perturbateur public... En conséquence il requiert que la dénonciation du club et son réquisitoire seront envoyés au département et par le département à l'Assemblée nationale, pour le tout être envoyé au tribunal du District de Caen et être remis à l'accusateur public aux fins de poursuivre le sieur Jouvin et le faire condamner comme perturbateur du repos public et comme séditieux suivant la rigueur des lois (1). »

Le 17 janvier, le Procureur général syndic Bayeux faisait à son tour, devant le Directoire du département un long discours contre « une prédication incendiaire du curé de Saint-Martin ayant pour objet la désobéissance aux décrets sur la Constitution civile du Clergé », et arrivait aux mêmes conclusions que le précédent.

Malgré cela, l'exemple de Monsieur Jouvin fut suivi, quelques semaines plus tard, par Monsieur Desbordeaux.

« Il est très indispensable, écrivait le Directoire à l'accusateur public, au sujet de M. le curé de Saint-Martin, de prévenir, par des punitions exemplaires, les progrès du fanatisme et de la sédition ». L'exemple n'ayant point suffi, « il serait à propos, ajoutait-il, pour M. le Curé de Saint-Julien, qu'il y eut plusieurs témoins entendus avant dimanche prochain, jour destiné à une cérémonie propre à irriter les ennemis de la chose publique qu'il est nécessaire de contenir à l'avance... que l'accusateur public agisse donc sans perte de temps et avec toute la célérité de son zèle (2). »

Le dimanche auquel le Procureur syndic fait allusion était celui dans lequel Mgr de Cheylus devait être déclaré démissionnaire

(1) Archives de la Préfecture du Calvados.
(2) Archives de la Préfecture, district de Caen.

pour ne pas avoir satisfait à l'obligation du serment. Le lendemain, 14 mars 1791, les électeurs devaient se réunir dans l'église de Saint-Pierre pour lui nommer un successeur.

C'était le commencement du schisme. M. Charles Gervais de la Prise, curé de Saint-Pierre, fut élu évêque du Calvados par 314 suffrages sur 411 votants; mais d'honorables scrupules lui firent bientôt regretter son acceptation. Il se demanda « de quel droit le pouvoir civil avait prononcé la destitution de l'Evêque de Bayeux », et il envoya sa démission qui fut acceptée après un blâme sévère de la part du Procureur général du Calvados.

Le 10 avril eut lieu l'élection des curés : « Messieurs les électeurs du District de Caen se réuniront à 10 heures du matin dans l'une des salles de la ci-devant abbaye de Saint-Etienne pour se rendre en ordre processionnellement à l'église Saint-Pierre à l'effet d'y procéder au remplacement des Ecclésiastiques réfractaires. La garde nationale et les troupes de lignes ainsi que tous les corps militaires concoureront à rendre cette cérémonie plus solennelle, de la même manière qu'il a été fait lors de la dernière Assemblée électorale (1). »

L'élection se fit après la grand'messe. Ce fut le curé d'Andresel dans la Seine-et-Marne qui fut désigné pour Saint-Etienne.

Les titres qu'il avait invoqués étaient celui de Caennais et de patriote. Ce dernier surtout qui avait plus de poids que tout autre (s'il n'était pas le seul) pour conquérir les suffrages, lui donna le nombre de voix suffisant (2).

Fut-il pris de remords et de scrupules pour venir prendre possession de sa nouvelle fonction comme l'avait été M. le curé de Saint-Pierre pour son Evêché? Nous l'espérons pour lui. Cependant sa lettre de démission au Procureur Costy nous laisse entrevoir, au milieu de la phraséologie du temps, une arrière pensée de cumuler un double bénéfice, tout en se rapprochant de sa famille.

Voici sa lettre envoyée plus d'un mois après son élection :

(1) Archives de la ville de Caen. Lettre du Directoire du District à la Municipalité.

(2) Présenté à la Société des Amis de la Constitution séante à Caen le 10 mars 1891, il prononça un discours qui fut imprimé aux frais de la Société (in-8 de 7 pages).

Andresel, par Guignan-en-Brie, ce 16 mai 1791.

« MONSIEUR,

« J'avois désiré, je l'avoue, être de quelque utilité dans la ville qui m'a vu naître. Ami de l'ordre et fidèle amant de notre sublime constitution je me félicitois de ce que ma dignité de ministre de l'Evangile me fourniroit plus de moyens d'en propager les principes parmi le peuple pour lequel elle est faite.

« Apellé par le corps électoral du District de Caen au gouvernement d'une grande paroisse, je m'applaudissois d'avoir reçu le prix le plus flatteur de mon amour pour les nouvelles lois.

« D'après le décret relatif aux religieux et titulaires supprimés qui seroient appelés à des fonctions publiques dans le cours de la présente année, je me voyois dans le cas de joindre au traitement fixé pour les curés des villes une partie de celui qui m'est du pour mon bénéfice actuel qui se trouve dans le cas de la suppression. Alors je pouvois continuer de remplir des engagements sacrés et j'oubliois plus volontiers ma solitude qui m'étoit devenue chère et précieuse à bien des titres.

« Ma santé ne m'a pas permis de me rendre avant ces jours derniers à Paris pour m'assurer d'un droit qu'on croyoit plus que douteux. J'ai consulté le Comité ecclésiastique. Pourveu d'une cure dont l'ancien revenu fixoit mon revenu à 3,800 l. et qui cependant, vu sa proximité d'une paroisse plus forte, alloit certainement y être bientôt réunie, je ne pensois pas devoir perdre, en acceptant une autre cure dont le revenu seroit moindre, la besogne plus difficile et les charges plus grandes. La singularité de cette position a frappé nos législateurs; mais, la loi n'était favorable qu'aux ecclésiastiques supprimés et je n'étois pas encore de ce nombre. Mon sincère désir de répondre au vœu de mes concitoyens, vœu bien honorable pour moi, m'a déterminé à rendre au Comité tous les détails propres à faire prononcer en ma faveur. — J'avois dépensé 7,000 l. à réédifier, aggrandir mon presbytère, j'avois un mobilier cher vu la menuiserie. Pourveu, depuis neuf ans, d'une cure dont le revenu s'amélioroit annuellement par les nouvelles marnes, je n'avois pas balancé à contracter des engagements dont l'époque commençoit presqu'à l'entrée de la Révolution sans une augmentation de traitement ou de juste dédommagement de mes avances, je me trouvois dans l'impossibilité d'y faire honneur.

« Les diverses explications dont ne rougira jamais l'honnête homme ont porté mes parents, mes meilleurs amis et plusieurs de nos députés patriotes à me conseiller de rester dans ma solitude. Je sens tout le prix du sacrifice que me force à faire la première obligation de tout citoyen celle de prendre le parti le plus sûr pour remplir ses engagemens. — Vainement m'annonce-t-on que dans deux ou trois mois les réunions projettées seront faites dans les campagnes, je sçais que la nouvelle paroisse Saint-Etienne ne peut rester plus longtemps sans pasteur, je sçais que les vrais ennemis de la Religion qui affectent aujourd'hui de masquer leur égoïsme de son voile sacré seroient les premiers à crier que je garde deux bénéfices-cures par spéculation d'intérêt. Je me résigne donc à donner ma démission et je vous prie de faire connoître au corps électoral du district tous mes regrets et les assurer que ce n'est pas sans la plus vive douleur que je renonce à profiter de l'agréable circonstance qui me rapelloit au sein de ma famille. Que mes concitoyens me jugent d'après les faits exposés et je suis assuré de ma justification. Ma lettre est l'expression de la plus exacte vérité.

« Le patriote et digne évêque du Calvados dont j'aurois désiré partager les travaux Evangéliques sera garant de ma sincérité. J'aurois voulu lutter avec nos prêtres refractaires et mon triomphe eut été celui de la raison éclairée du flambeau de l'Evangile. Puisse mon successeur avoir le même zèle et le même courage que moi. Quelqu'il soit, je le prie d'avance de me pardonner mon inconséquence involontaire. Le décret favorable aux religieux, prieurs, chanoines, etc., a fait mon erreur. Elle est encore à ce moment celle de plusieurs citoyens plus éclairés que moi. — Les curés qui vont être supprimés cette année seront plus à plaindre que mille autres qui jouent en ce moment le patriotisme pour se procurer les moyens de doubler leurs revenus en profitant du bénéfice de la loi. — N'importe, je m'y soumets sans murmure et j'ose espérer que tous mes compatriotes rendront justice à la pureté des motifs d'un refus qui m'afflige.

« En votre qualité de Procureur syndic du District de Caen, je vous prie de le notifier à Messieurs les électeurs en les convoquant pour faire un nouveau choix. Vous m'obligerez vous-même si vous voulez donner toute la publicité à la lettre d'un curé qu'on a déjà calomnié dans sa patrie. Mais comme le mensonge et la calomnie sont aujourd'hui les seules armes qui restent au pouvoir des aristocrates, il ne faut pas les en priver; c'est le hibou qui crie dans le silence de la nuit.

« Veuillez bien faire agréer mes fraternels hommages à Messieurs vos confrères en administration et les assurer que si ma position m'éloigne d'eux pour le moment je ne désespère pas de me trouver un jour dans de plus heureuses circonstances.

« Je vous salue. »

PICHONNIER,

Curé d'Andresel,

Président de la Société des Amis de la Constitution, séant à Melun (1).

Ce fut le 21 mai qu'eut lieu la proclamation du scrutin des « curés nouvellement élus par le corps électoral et institués « canoniquement par l'Evêque du Calvados suivant la circons- « cription adoptée par les corps administratifs. » — Ils furent solennellement installés le 28. A partir de ce moment, lisons-nous dans la proclamation du maire « il ne restera plus que sept paroisses et trois succursales, et les églises supprimées seront et demeureront fermées dès aujourd'hui (2). »

Comme nous l'avons déjà dit, l'autorité légitime ecclésiastique n'étant pour rien dans tous ces changements, cette délimitation des paroisses était sans valeur et les curés chargés de remplacer les titulaires des églises n'étaient que des intrus. Les vrais pasteurs ne cédèrent qu'à la force lorsque « Jardin se présenta avec le curé de Vaucelles délégué par Fauchet, pour transporter les vases sacrés des églises supprimées dans les conservées et mettre les scellés sur lesdites églises et mobiliers. » Ils reçurent en même temps signification « d'avoir à quitter leurs presbytères pour

_____

(1) Archives de la mairie de Caen. — Culte.
(2) Archives de la mairie de Caen.

dimanche, sans quoi on avertira le Procureur général syndic du département de les aviser (1). »

Comme cette délibération du District était prise le 26 pour être exécutée le 28, on s'explique très-bien la curieuse lettre d'avis envoyée par M. Jouvin, curé de la Saint-Martin, à la municipalité, pour l'informer du pèlerinage de sa paroisse à Notre-Dame de la Délivrande. Elle nous fournit une étude de mœurs trop intéressante sur son auteur et sur l'époque à laquelle il vivait, pour que nous ne la citions pas en son entier :

28 mai 1791.

« MESSIEURS,

« J'ai annoncé dimanche dernier à mes paroissiens que nous irions demain à la Délivrande, c'est le jour choisi de tout temps par la paroisse de Saint-Martin pour faire ce pèlerinage. Un grand nombre s'y sont attendus et préparés.

« Nous irons sans croix puisque je n'en ai plus; mais je porte mon surplis parce qu'il est permis à chacun de s'habiller comme il veut, et que d'ailleurs jusqu'à vos installations je pouvois prendre quelque chose de plus. J'irai en chantant mon office, il n'y a rien en cela qui puisse blesser la loi ni qui puisse offenser personne. Enfin je veux faire un voyage de dévotion qu'aucun décret ne défend et je désire de le faire avec fruit pour moi et pour ma compagnie. Cela est encore moins défendu.

« N'allant contre aucun article de la loi et l'observant au contraire de mon mieux, je désire, Messieurs, que cette loi me protège à son tour. Je vous prie donc, Messieurs, de veiller autant qu'il est en vous, à ce que je ne reçoive aucune insulte comme, dit-on, j'en suis menacé, soit à mon départ du matin, soit à mon arrivée le soir.

« Je vous prie encore, Messieurs, de faire en sorte que ma maison ni en général aucune maison de ma paroisse ne soit violée

____

(1) Archives de la Préfecture du Calvados. Registres des délibérations du District de Caen.

pendant mon absence. Comme demain cette paroisse sera un peu déserte, je vous prierais d'y envoyer une patrouille que je payerai moi-même à 2 livres ou plus par chaque homme.

« Je suis, etc. »

JOUVIN,

à Messieurs les maire et officiers municipaux (1).

Etait-ce pour ne pas avoir voulu quitter son presbytère qu'un mois plus tard, M. Jouvin était arrêté et ses papiers saisis? Nous l'ignorons. Nous avons retrouvé une pétition « des citoyens actifs de la ville de Caen » en date du 27 juin, demandant « de prendre les mesures convenables pour assurer l'état desdits papiers, de faire l'ouverture des scellés en présence du sieur Jouvin, de les cotter et parapher avant de les sortir du dépôt de la commune pour tranquilliser les citoyens (2). » C'est tout ce que nous savons. — M. Jouvin, exilé à Jersey, revint en France où il mourut en 1806.

Par suite de la démission de M. Pichonnier, il n'y eut pas d'installation de curé, le 28 mai, dans l'ancienne basilique bénédictine transformée en paroisse. Toutefois, en attendant la nomination d'un nouveau titulaire, le curé de Vaucelles fut chargé de l'intérim. Voici la lettre envoyée par Fauchet au Procureur syndic :

« MONSIEUR LE PROCUREUR SYNDIC,

« Je m'empresse d'entrer dans les vues que vous me présentez dans votre lettre. N'ayant pu à l'instant trouver la personne la plus propre à faire en titre les fonctions de desservant à Saint-Etienne, j'ai prié et chargé M. le curé de Vaucelles d'en remplir l'office dans les premiers moments, et aussitôt que je serai revenu de la tournée que je vais faire dans les chefs-lieux de district, je

(1) Archives de la mairie de Caen.
(2) Archives de la mairie de Caen.

me hâterai de faire le choix du desservant qui pourra remplir ce
poste essentiel dans cette ville.

« Je suis avec un inviolable attachement,
        Monsieur le Procureur syndic
Votre très-fidèle et très-dévoué concitoyen. »

† CLAUDE FAUCHET,
Evêque du Calvados (1).

La vacance dura plusieurs mois. Pendant ce temps, les vicaires
Pierre Rozée, Jacques Legros et Michel-Louis Adam, tous assermentés, remplirent, dans la paroisse, les fonctions de leur ministère. Le premier partit à l'arrivée du nouveau curé (2); le second
s'en alla quelque temps après « desservant en l'église Saint-Laurent
succursale de Saint-Gervais en la commune de Falaise (3). »
M. Adam resta jusqu'au Concordat. Ils furent secondés, pendant
deux ou trois mois, par MM. Mabire et Lebettre qui prirent aussi
le titre de vicaires (4).

Sous leur administration arriva un conflit qui nécessita, le 4
septembre, une réunion extraordinaire du Directoire. Celui-ci
« ayant été informé par le sieur Lehuger, son aumônier, que le
sieur abbé Rozée desservant de léglise Saint-Etienne lui avoit
annoncé que la messe du Saint Esprit qui doit précéder louverture
de lassemblée électorale que ce Directoire avoit indiquée et à
laquelle il a invité tous les corps alloit être dit e a lexclusion dudit
Sieur aumonier par le Sieur Hébert, curé de Morteaux, vicaire du
Sieur Evêque du Calvados et par lui chargé de cette mission; ayant
été également informé que la messe se célébroit par ledit Sieur
Hébert en présence des corps invités et sans que le Directoire
assemblé dans ce lieu de ses séances ou il attendait lesdits Corps
en ait été prévenu en aucune manière, arrête que dans la crainte

<hr>

(1) Archives de la Préfecture du Calvados.
(2) Archives de la Mairie de Caen, registres de Saint-Nicolas. Le dernier
registre se termine ainsi : « Le 30 may 1791, la réunion de Saint-Nicolas à
Saint-Etienne a eu lieu, pourquoi celui qui compulcera les registres d'ycelle
paroisse aura recour à Saint-Etienne. »
(3) Archives de la Fabrique de Saint-Etienne.
(4) Archives de la Mairie de Caen, registres du Vieux Saint-Etienne.

de trouble et de scandale, il ne seroit fait aucune réclamation à
ce sujet, mais que le Directoire croioit devoir à la dignité de l'autorité dont il est revêtu de sabstenir d'assister à la messe célébrée
par ledit Sieur Hébert et que le présent arrêté vaudra de procès-
verbal du fait ci-dessus (1). »

Le 8 octobre 1791, Saint-Etienne figurait en première ligne dans
« l'Etat des curés à remplacer arrêté par les administrateurs du
Directoire du District de Caen d'après les observations à Messieurs les électeurs de Caen (2). » — Enfin, le journal de Caen
annonça, dans son numéro du 20, que Messieurs les électeurs du
District avaient fixé leur choix sur M. Destanges, l'un des grands
vicaires amenés par Fauchet, dans le Calvados.

« C'était, nous disent les contemporains, un petit prêtre gascon,
originaire de la ville d'Apt, en Provence, qui maniait habilement
la parole et possédait toute la confiance de son évêque. Il se fit
donner la cure de Saint-Etienne de Caen, ce qui ne l'empêchait
pas de présider à Bayeux une Association politique, aux violences
de laquelle l'évêque eut plus tard le malheur de s'associer (3). »
Retenons seulement le passage du discours qu'il adressa, le 9 septembre, à l'Assemblée électorale de Caen, après l'élection de Fauchet comme député. Précédemment, l'évêque avait été inquiété
pour ses idées quelque peu avancées. S'adressant à lui : « J'ai eu
la gloire, Monsieur, lui dit-il, d'être associé à vos persécutions,
nous avons fait cause commune. Notre crime, c'etoit l'ardeur du
civisme, et c'en est un aux yeux de certains hommes avilis. Je
suis encore sous le glaive de la loi; mais les liens d'un Décret
n'enchaînent point mon âme, elle jouit tout entière de votre
triomphe et de la confusion des méchans. »

Chaix-d'Est-Ange ou Destange (dont le vrai nom était, paraît-il,
Chaix de Saint-Ange) était donc plutôt une homme politique qu'un
prêtre et surtout un curé. Il le montra bien en se mettant à la
tête des mécontents qui empêchèrent, le 23 janvier 1792, l'installation du tribunal criminel, et en se faisant leur porte-voix le 24,
devant le Directoire du département.

« Suivi de plusieurs citoyens de Caen, Chaix d'Estange, curé de

_____

(1) Archives de la Préfecture du Calvados. — Registres du Directoire.
(2) Archives de la Préfecture du Calvados.
(3) M. Laffetay, histoire du Diocése de Bayeux, t. ii, p. 255.

Saint-Etienne, lisons-nous dans le procès-verbal de la séance, se présente au Directoire et demande M. Bayeux. On répond qu'il est absent. Ils demandent d'entrer; ils sont introduits et Destange demande de nouveau M. Bayeux. M. Lacroix, remplaçant le président répond qu'il ne sait où il est. Ils déclarent alors que Bayeux a perdu la confiance publique, qu'ils ne souffriront pas qu'il reste procureur-général syndic, que c'est un parti définitivement arrêté et que c'est au nom de tous les citoyens de Caen qu'ils demandent sa destitution. Ils donnent pour motif principal qu'il a choisi beaucoup d'aristocrates et même des hommes qui ont protesté contre la Constitution dans la liste des jurés faite par lui; ils citent notamment Le Boucher, Delongparcs et Deshameaux, qui se sont déclarés dans l'Assemblée électorale les ennemis de l'Evêque du Calvados. — On leur observe que c'est le Pouvoir exécutif qui a nommé M. Le Boucher, commissaire près le Tribunal criminel, Chaix d'Estange répond « que ni le roi, ni les décrets, ni les corps administratifs ne les obligeroient à reconnoître des personnes qui n'ont pas leur confiance; que si les membres du Directoire venoient eux-mêmes à la perdre, ils le leur diroient et ne les souffriroient pas; que le peuple ne consentiroit point à l'installation du Tribunal criminel tant que le Directoire n'auroit pas fait dresser par le suppléant du Procureur-général une autre liste de jurés. » Sur cette déclaration appuyée par Louis Caille, ils se retirent en déclarant « qu'ils alloient chercher dans les bâtiments le sieur Bayeux qu'ils savent s'y être caché (1). »

Après cela, il n'est pas surprenant de voir Chaix, fréquentant les clubs et présidant les Assemblées populaires, prendre, l'année suivante, une part très-active au Fédéralisme. Aux mois de mai et de juin, il fut même envoyé avec Caille dans les départements de la Manche et de l'Ille-et-Vilaine pour y faire de la propagande (2).

Dans le premier de ces départements, il était précédé par une « Adresse des habitants du Calvados à ceux de la Manche pour leur exposer qu'ils se révoltent non contre la République mais contre l'oppression dont souffre la Convention » : « Là, porte cette Adresse, les hurlements des Tribunes et les piques de Santerre effarouchent la Liberté jusque dans son sanctuaire; là,

---

(1) Archives de la Préfecture du Calvados. — Registres du Directoire.
(2) Archives de la Préfecture du Calvados. — Fédéralisme.

du haut d'une Montagne qui s'est élevée du sein de l'Egalité on vous envoie des Proconsuls-Despotes qui viennent prendre possession de nos provinces; là une commune féroce arrête des listes de proscription, accumule des milliers de victimes dans les cachots pour les faire égorger dans l'ombre..... Souffre qui le pourra de pareils attentats, le Calvados ne peut vivre dans l'opprobre; l'Eure, l'Orne, la Seine-Inférieure répètent son tocsin..... hâtez-vous de vous joindre à vos frères..... » — Ailleurs nous lisons : « Fauchet, Henry Larivière et les membres les plus pures de la Convention sont sous le poignard, armez-vous donc, Citoyens, formez vos bataillons, il n'y a pas un moment à perdre pour les arracher de leurs bourreaux..... (1). »

Comme Chaix était un des principaux signataires de ces proclamations lancées de Caen, le 12 juin 1793, mal lui en prit, lorsque l'insurrection du Calvados eut échoué. Il fut alors « Par ordre des citoyens Lindet et Bourret, Représentans du peuple près de l'armée des côtes de Cherbourg, enfermé à la maison d'arrêt de Caen, comme prévenu d'avoir coopéré et adhéré à la Rébellion qui s'est manifestée au commencement du mois de juin dernier dans plusieurs départements et notamment dans celui du Calvados (2). »

Le 1er septembre, il comparut devant François Hubert, juge de paix de la Section du Civisme. Nous ne reproduirons que la partie de son interrogatoire qui peut nous intéresser :

« Auquel citoyen Chaix avons demandé ses nom, prénoms, âge, qualité et demeure.

A dit s'appeler Richard-François Chaix, âgé d'environ 37 ans, curé de la paroisse Saint-Etienne de Caen, y demeurant maison de la cy-devant abbaye.

A lui demandé de quelle manière il a participé à la Rebellion qui s'est élevée dans le département du Calvados et par qui il y a été engagé.

A répondu que dans le courant du mois de mai se trouvant à la Société populaire il y entendit la lecture d'un journal qui faisoit mention des divisions qui régnaient au sein de la Convention, que lui déclarant proposa à la Société l'envoi d'une adresse à la Con-

---

(1) Bibliothèque de Caen. — Proclamations. — Juin 1793.
(2) Archives de la Préfecture du Calvados. — Fédéralisme.

vention pour inviter les membres à se réunir tous pour le bien général, ce qui fut fait; que plusieurs jours après il apprit que des sections et des Sociétés populaires ainsi que les administrateurs alarmés sur des bruits qui se répandaient que des factieux réunis à Paris cherchaient à troubler la liberté de la Convention, envoyèrent des députés à la Convention pour s'en assurer,..... qu'il n'a signé l'arrêté concernant l'arrestation des représentans du peuple Romme et Prieur, que par des motifs de prudence et entraîné par la force des circonstances, enfin qu'il n'a jamais prêché la Rebellion ni dans les sections, ni dans la Société populaire. »

Dans l'interrogatoire du lendemain 2 septembre, le juge de paix continue :

« A lui remontré qu'au lieu de quitter son poste et de négliger les fonctions que sa place lui imposait, pour se livrer avec ceux qui prétendaient que la Convention était opprimée, à des délibérations absolument contraires aux lois, il aurait beaucoup mieux agi s'il eut cherché à détromper le peuple sur lequel son ministère pouvait lui donner de l'ascendant.

A répondu qu'il n'a point quitté son poste pendant la tenue des séances de l'Assemblée générale (dont il était le président) qu'il étoit sur la paroisse dont il est curé à costé de l'Eglise et toujours à portée de se rendre à ses fonctions quand le besoin l'exigeait, qu'il lui est arrivé de sortir de l'Assemblée pour aller administrer les sacrements; s'il s'est soustrait aux yeux du public immédiatement après la clôture des séances de l'Assemblée générale, son absence n'était point une fuite, sa conscience ne lui reprochait aucun délit, et il ne se seroit point attendu qu'on l'en crût coupable; ce fut par des mesures de prudence qu'il se tint d'abord enfermé chez lui : depuis plusieurs jours, des malveillans avaient insinué au peuple qu'il avait dit dans l'Assemblée générale dans un moment où il était affecté de la misère du peuple qui manquait de subsistance *qu'il falloit faire manger au peuple du son et des orthies*, cette horrible calomnie produisit l'effet que les malveillans en attendaient, des femmes égarées se sont portées chez lui pour demander sa tête et du pain, ce qui seroit attesté par des milliers de témoins. La crainte que les mêmes malveillans ne vinssent à bout de persuader à la force armée qui devait arriver dans les murs de Caen une pareille calomnie, le détermina à se tenir chez lui enfermé. Environ trois semaines après, craignant d'être destitué de sa place pour cause d'absence, un dimanche matin (il y eut hier huit jours) il descendit à l'église où il dit la messe à 6 heures, et après s'être assuré dans la sacristie qu'il était prudent de ne pas se montrer encore, parce que ses ennemis ne cessoient d'agiter le peuple contre lui, fatigué par une réclusion qui avait été déjà bien longue, il partit pour Bayeux. Pouvait-il s'attendre que tandis qu'il gémissait de ne pouvoir consacrer ses instants à faire aimer au peuple la nouvelle Constitution qu'il vient d'accepter, ses implacables ennemis imaginassent de nouvelles calomnies plus atroces encore. — Oui, on a eu l'audace d'articuler dans la tribune de la Société populaire de Caen, qu'il avait dit dans cette même tribune aux citoyennes de Caen, de se servir de poignards pour égorger. — Les scélérats! ils ont voulu lui prêter leurs projets sanguinaires. Il demande à être confronté avec ses accusateurs. — Il a suffisamment manifesté ses principes, qu'il ne s'est occupé que de la liberté de la Convention nationale. Quant à sa mission dans le département de la Manche, elle n'avait pour objet que d'y manifester les principes du département du Calvados relativement à la liberté de la Convention;..... il n'a pas demandé l'arrestation des représentants du peuple qui se trouvaient dans ce département;..... il n'était pas dans ses principes de mettre aux prises les parisiens avec les habitants du Calvados. » — En terminant, il demande « eu égard à sa santé qui a été altérée par une longue et pénible réclusion, à être mis en liberté sous sa caution juratoire de se représenter toutes fois et quantes il en sera requis, ce qu'il a signé et a pris lecture (1). »

Un mois se passa sans que le curé de Saint-Etienne entendît parler de son jugement ni de son élargissement. Fatigué d'attendre, il en appela à ceux qui avaient lancé contre lui un mandat d'arrêt et leur écrivit :

En la maison d'arrêt de Caen, le 9 octobre 1793, l'an deuxième de la République une et indivisible.

Le citoyen Chaix, curé de Saint-Etienne de Caen, aux citoyens représentans du peuple près l'armée des côtes de Cherbourg.

----

(1) Archives de la Préfecture du Calvados. — Fédéralisme.

Cinq semaines se sont écoulées depuis mon arrestation. Ma détention m'est d'autant plus pénible qu'elle me met dans l'impuissance de me rendre utile à ma patrie. Vous m'avez dit vous-même que je puis la servir utilement. J'en ai le désir, et vous m'en enlevez les moyens. Vous avez paru suspecter mes sentiments politiques, vous en eussiez bientôt reconnu la pureté, s'il eut été en mon pouvoir de me rendre aux Assemblées des citoyens. J'aurais eu la satisfaction de détruire les impressions défavorables qu'on a pu vous inspirer contre moi. J'aurais concouru avec vous au bien public, j'aurais rempli le vœu de mon cœur et la tâche honorable de citoyen. J'aurais, en votre présence, confondu le calomniateur déhonté qui a osé dans la tribune des frères me prêter ses propositions criminelles qui n'ont jamais été dans ma bouche ni dans ma pensée, et le journal de l'armée qui a rendu publique cette inculpation par la voix de son journal aurait fini par me rendre authentiquement la justice qui m'est due. Citoyens Représentans, j'ai prêté un long interrogatoire, il vous a été soumis, il contient la vérité. S'il vous reste encore des soupçons sur mon compte, si vous ne croyez pas devoir me rendre si tôt à des paroissiens qui me sont chers et auxquels il me serait doux de prêcher l'amour de la constitution et le zèle pour l'affermissement de la République une et indivisible, du moins par le triomphe de la vérité, pour la confusion des méchans, faites moi paraître devant vous. Appelez-y le lâche calomniateur qui m'accuse d'avoir exhorté les femmes à aiguiser leurs poignards, que je sois conduit dans l'Assemblée des frères, et que là je donne au lâche le défi de me soutenir en face ce qu'il a avancé en mon absence.

Il est essentiel, Citoyens Représentans, que votre religion ne soit pas trompée. Il n'est pas dans votre âme que l'homme de bien qui ne peut avoir à se reprocher qu'une erreur qui fut celle de tout le peuple, qu'il n'occasionna pas lui-même, et qu'il a expiée par une longue détention, se trouve victime de la calomnie. J'invoque votre justice. Je la regarderai comme un bienfait, dès quelle me mettra à portée de me justifier d'une inculpation aussi grave que celle contre laquelle je réclame.

CHAIX,

Curé de Saint-Etienne (1).

Cette lettre resta sans effet. Le 4 novembre 1793, un autre moyen fut tenté par 17 prisonniers, au nombre desquels se trouvaient Chaix et Gohier de Jumilly, curé de Saint-Jean, pour retrouver la liberté. Ils signèrent la pétition suivante :

« Le 4 de la 2ᵉ décade de brumaire de la 2ᵉ année de la République une et indivisible, les citoyens détenus en la maison d'arrêt de Caen au citoyen Laplanche.

Des scélérats menacent la liberté pour laquelle nous avons tous juré de verser jusqu'à la dernière goutte de notre sang..... Brise nos fers et tu verras si des hommes sur lesquels a plané l'odieux soupçon du Fédéralisme savent combattre et vaincre pour assurer le triomphe de la République une et indivisible. Sache que les meilleurs soldats, les meilleurs républicains dont tu puisses t'entourer sont précisément ceux qui marchaient vers Paris au mois de juin, parcequ'ils craignaient pour cette liberté, cette unité, cette indivisibilité qu'on a osé les soupçonner de vouloir détruire, etc..... (2). »

Six jours après cette pétition, les scellés furent mis sur la chambre du « citoyen Destange ». Ils furent levés le 17, et rien de suspect ne fut trouvé dans ses papiers (3).

Une note mise en marge de la première page de l'interrogatoire de Chaix nous indique qu'il fut envoyé à Paris par le citoyen Laplanche, représentant du peuple, vers le mois de pluviose an II (janv.-fév. 1794) — Quelque temps après, il fut élargi.

Que devint-il alors? Il laissa de côté l'habit ecclésiastique : « Il remplissait les fonctions d'accusateur public à Rheims, nous apprend M. Vautier, lorsqu'il épousa en 1799, une demoiselle Lorge qu'on nous a assuré être la sœur du général baron de l'Empire, dont la famille était Caennaise. Il est mort avocat à la Cour

(1) Archives de la Préfecture du Calvados. — Fédéralisme.
(2) Archives de la Préfecture du Calvados. — Fédéralisme.
(3) Archives de la Préfecture du Calvados. — Fédéralisme.

royale de Paris, le 28 mars 1820. — Son fils fut procureur-général à la Cour impériale de Paris en 1858 (1). »

Tel fut le curé donné par la Révolution à la nouvelle paroisse Saint-Etienne. Elle n'en eut pas d'autre.

Du reste l'Eglise ne tarda pas à changer de destination. Le dernier acte de baptême de M. Adam est de « l'an de Jésus-Christ mil sept cens quatre-vingt quatorze le samedi vingt-deuxième jour de février » — Elle devint aussitôt le *temple de l'Eternel*.

Au commencement de juin (20 prairial an ii) un maître de pension y fit chanter par ses élèves, dans une cérémonie publique, ce qu'on appelait alors « des couplets » en l'honneur de l'Etre suprême. Dieu du moins n'y est pas outragé (2). — Le 21 janvier suivant, on y fêtait « la juste punition du dernier des tyrans (3). »

C'était tout ce que la Révolution avait pu trouver de mieux pour remplacer les belles cérémonies du culte catholique. Aussi les habitants demandèrent-ils bientôt qu'on leur permît au moins de s'assembler dans l'ancienne église des Bénédictins pour pratiquer leur religion.

Le département y consentit. Il enleva l'édifice à la commune et le déclara ouvert à tous les cultes. C'était un premier pas pour arriver plus tard à le rendre aux seuls catholiques.

On trouve les traces de tous ces changements dans la rédaction des actes de baptême qui remontent à cette époque. De février

---

(1) Vautier, Souvenirs de l'insurrection Normande, p. 288.

(2) Voici le premier de ces « Couplets chantés à Caen, au nom de la Jeunesse, le jour de la fête de l'Etre Suprême, 20 prairial 2ᵉ année de la République une et indivisible, par de jeunes élèves de la pension du citoyen Audet. »
Sur l'air : Veillons au Salut de l'Empire.

> Nous t'adorons, Etre Suprême,
> Rendant hommage au Créateur ;
> Partout la nature elle-même
> Publie et fête ta grandeur.
> Deité !
> Deité !
> Oui, l'on te voit dans ton ouvrage ;
> Ingrats !
> Fuyez,
> Cachez votre honte à jamais...
> Tout ici-bas, d'un Dieu l'image
> En traits d'amour peint ses bienfaits.

(3) M. Laffetay, hist. du diocèse de Bayeux. t. ii, p. 370,

1794 à juin 1795 les pages sont restées en blanc. De cette date à juin 1797, M. Adam constate que les enfants sont baptisés, sans marquer l'endroit. Les premiers enfants baptisés sont âgés de 8 ou 10 mois, ce qui suppose de sa part une impossibilité d'administrer ce sacrement. De juin à septembre de la même année, il indique « que les enfants sont *présentés* au baptême par..... » Enfin la dernière formule est celle-ci : « Sont tenus sur les fonts baptismaux par..... (1). » La présence d'un sacristain, Joseph Letellier, à l'un des baptêmes du mois d'août 1797 atteste le rétablissement du culte à Saint-Etienne. En signant tous ses actes « prêtre de la paroisse Saint-Etienne » ou « prêtre desservant la paroisse Saint-Etienne » M. Adam ne se considérait plus, semble-t-il, depuis 1794, comme curé ni comme vicaire. Il était le prêtre du quartier et donnait volontiers les secours de son ministère à quiconque les lui demandait, fût-il de Saint-Ouen ou de Saint-Germain-la-Blanche-Herbe comme de Saint-Etienne.

Le 11 avril 1800, il demanda au Conseil municipal et à la Préfecture la permission de sonner les cloches pour annoncer les offices. Le culte n'étant pas encore officiellement rétabli, elle lui fut refusée.

Après la signature du Concordat, M. Adam ne continua pas de remplir les fonctions du saint ministère. Il se mit à la tête d'une institution de jeunes gens qu'il dirigea pendant plusieurs années. Il abandonna ses ornements à la fabrique moyennant une somme de 750 livres et à condition « de jouir gratuitement de la chapelle à droite de la Vierge pour ses pensionnaires. » Il avait été l'un des rares ecclésiatiques assermentés sur la conduite desquels l'Eglise n'ait pas eu à gémir.

---

(1) Archives de la Fabrique de Saint-Etienne.

CHAPITRE TROISIÈME

ERECTION CANONIQUE DE LA PAROISSE

Pour qu'une paroisse jouisse des privilèges attachés à son titre, il faut, lors de sa création, que l'Evêque légitime du diocèse y donne son consentement. Mgr de Cheylus n'ayant point sanctionné les nouvelles délimitations établies, en 1791, par les autorités du Calvados, la nouvelle paroisse Saint-Etienne, malgré l'approbation de Claude Fauchet, n'avait donc pas d'existence canonique aux yeux de l'Eglise. Cette situation fut régularisée au mois de juillet 1802.

A peine le Concordat signé, le 15 juillet 1801, par Bonaparte et le Cardinal Consalvi au nom du Pape, eut-il été ratifié le 5 avril 1802 par le Corps Législatif, qu'un décret du premier Consul désigna Mgr Charles Brault pour occuper le Siége épiscopal de Bayeux.

Ancien professeur de théologie à l'Université de Poitiers, et vicaire général de ce diocèse, Mgr Brault était entouré du respect et de la confiance de tout le clergé et des habitants du Poitou, lorsque Pie VII le chargea de réorganiser les diocèses de Bayeux et de Lisieux désormais réunis. Sacré le 16 mai, il prit possession de son siége le 26 juin.

Le dimanche 11 juillet, il fit son entrée solennelle à Saint-Etienne, et baptisa deux enfants « de la paroisse cy-devant dite de Saint-Martin. » C'est dans cet acte qu'il déclare *officiellement*

« l'église Saint-Etienne cy-devant abbaye destinée par nous au service paroissial (1). »

Le 27 juillet et le 11 août, Sa Grandeur administre encore le sacrement de baptême à trois enfants comme pour donner une marque de prédilection spéciale à la paroisse. Il fait plus. Ce quartier de la ville était privé d'églises et de pasteurs; il forme une sorte de collège ecclésiastique composé de tous les confesseurs de la foi qui avaient desservi les paroisses supprimées, pour administrer les sacrements, et place à leur tête M. Beaunier, ancien curé de Saint-Etienne-le-Vieux.

Voici en effet ce que nous lisons dans le registre de catholicité à la date du 15 juillet :

Nous, Charles Beaunier, ancien curé de la ville de Caen et nommé, par Monsieur l'Evêque de Bayeux, desservant provisoire de la paroisse Saint-Etienne de cette ville, approuvons les deux actes ci-dessus et conformément au mandement de Monsieur l'Evêque, prions MM. Bonhomme, ancien curé de Saint-Nicolas; Noel, ancien curé de Saint-Ouen; Bellenger, ancien curé de Troussanville; Leboussonnier, ancien vicaire de Saint-Etienne; Gaugain, ancien vicaire de Saint-Ouen; Canivet, ancien vicaire de Saint-Julien; Poignant; Briand; Fournier; Buly; Leprevost; Chemin et Leroy, de vouloir bien nous aider dans l'administration des sacrements, et nous leur donnons tous nos pouvoirs à cet effet. A Caen, le dix-neuf juillet mil huit cent deux, 29 messidor, an 10.

BEAUNIER,
Curé de Saint-Etienne.

Cet état de choses dura huit mois. Pendant ce temps, les baptêmes et les mariages furent faits indifféremment par les prêtres autorisés dans l'acte précédent et par quelques autres qui vinrent s'adjoindre au clergé de la paroisse comme Messieurs Gilles Yon, ci-devant prêtre de Saint-Nicolas (2), Guillaume Leconte, Edmond J.-J. Surosne, Jacques Lesaulnier, Jacques Briard, etc.

(1) Archives de la Fabrique, registres de catholicité.
(2) M. Gilles Yon prit son passeport pour l'Angleterre le 6 septembre 1791. Son signalement porte qu'il était âgé de 50 ans et avait 5 pieds 3 pouces.

Les églises de Notre-Dame, Saint-Ouen, Saint-Germain-la-Blanche-Herbe n'étaient pas encore rendues au culte, les enfants étaient apportés à Saint-Etienne. Ils étaient inscrits avec le nom de leurs paroisses sur les registres, comme aussi les enfants des paroisses supprimées étaient désignés avec l'indication des anciennes églises de Saint-Nicolas, Saint-Martin.....

Enfin, au mois de mars 1803, Mgr Brault ayant terminé la réorganisation des paroisses de la ville, il désigna pour les diriger, les nouveaux pasteurs. — La paroisse Notre-Dame qui était composée en grande partie des habitants du Vieux Saint-Etienne, fut rendue à M. Beaunier. M. Noel retourna à son ancienne paroisse de Saint-Ouen. M. Desbordeaux fut désigné pour gouverner Saint-Etienne à la place de la paroisse Saint-Julien qui demeura supprimée.

A l'aide des actes d'inhumation qui remontent à cette époque nous avons pu reconstituer la paroisse Saint-Etienne de 1803 à 1820. En plus des rues et places qui la forment aujourd'hui, elle comprenait toutes les maisons qui se trouvent entre la rue Formage qui lui appartenait des deux côtés, et la rue de l'Odon qui faisait partie de son territoire, au moins d'un côté. L'extrémité de la rue Saint-Sauveur, une partie de la place Malherbe et l'entrée de la rue Ecuyère, en faisaient également partie.

La réorganisation spirituelle de la paroisse était plus difficile à accomplir. L'église était vide. Il n'y avait ni bans ni chaises pour les fidèles; aucun ornement ne se trouvait à la sacristie en dehors de ceux qui appartenaient à M. Adam. Il fallait pourvoir à tout.

On commença par organiser un Conseil de fabrique. Le 25 floréal an XI (15 mai 1803) « les habitans propriétaires domicilés dans la paroisse s'assemblèrent dans l'église au son de la cloche pour élire cinq marguilliers par la voie du scrutin de liste simple (1). » Messieurs Daigremont père, Haingueslot, de la Fontaine, Thomine et Polinière furent élus à la majorité des suffrages.

Le 20, les nouveaux fabriciens se réunirent pour la première fois, Ils « authorisent, dans leur délibération, le thrésorier à faire faire cinq ou six cents chaises dont le payement sera avancé par les marguilliers et M. le curé, sauf à reprendre leurs avances sur les premiers produits ». Ils fixent le prix des places, le taux de la

---

(1) Archives de la Fabrique, registre des délibérations.

sonnerie pour les inhumations, les places que devront occuper dans le chœur les fabriciens et les autorités constitués (1).

De leur côté, Messieurs les Ecclésiastiques se mettent en quête dans la paroisse pour acheter un soleil, des encensoirs, une croix, une lampe. Le produit de leur quête étant insuffisant de 300 fr., la fabrique paya la lampe 324 livres (2).

Quinze jours plus tard, eut lieu la location des chapelles. Comme leur vocable actuel diffère de celui qu'elles ont maintenant, voici le nom des saints auxquels elles étaient dédiées, à l'exception des chapelles de la Vierge, du Saint Sacrement, de l'Ange Gardien et de Saint Jean qui sont restées sous le même patronage.

« En commençant du côté de la sacristie la seconde chapelle dicte de Sainte Magdeleine étant en suitte de celle de l'Ange Gardien a été adjugée 28 livres par an.

La troisième chapelle dicte de Sainte Hélenne, à la suitte de l'autre.

La quatrième chapelle dicte Saint Grégoire en suitte de celle ci-dessus.

La chapelle la plus voisine de la Vierge, dicte de Saint Jean.

La chapelle dicte Saint-Benoit à la suitte de celle ci-dessus... »

Viennent ensuite les chapelles de la Sainte-Croix occupée par l'institution Louis Lahaye ; celle dans laquelle il y a un tableau de sainte Chantal, enfin la chapelle Sainte Marguerite. Il ne s'est point trouvé de concurrent pour les autres.

L'année suivante, M. Desbordeaux reprit l'usage des anciennes paroisses de Caen d'aller en pèlerinage à N.-D. de la Délivrande. N'était-ce pas une excellente occasion de mettre ses efforts sous la garde de Très-Sainte Vierge? La fabrique vota une somme de 72 livres pour subvenir aux dépenses du voyage.

Dans la même séance du 17 floréal an XII, il fut décidé que l'on ferait griller en bois l'enceinte du chœur, réparer les confessionnaux et enfin « que l'on accepterait du citoyen Corbel la remise « et abandon de la chaire par lui acheptée de la Nation et à lui

______

(1) Après le décret du 30 décembre 1809, les fabriques durent être réorganisées et le gouvernement s'attribua un droit de surveillance sur elles. La Fabrique de Saint-Etienne fut convoquée le 18 septembre 1810 « pour envoyer à Monseigneur l'Evêque neuf noms des personnes notables de la paroisse pour l'organisation de la nouvelle Fabrique. »

(2) Archives de la Fabrique, registre des délibérations.

« donner pour indemnité la jouissance pendant sa vie de l'un des
« bans de la nef de l'église (1). » Ce banc placé vis à vis de la
chaire contenait cinq places.

Ce n'était réellement pas acheter trop cher une œuvre de
premier mérite non-seulement par son ancienneté, puisque la
chaire remontait environ à l'année 1620 (2), mais surtout par la
finesse du travail et des sculptures heureusement débadigeonnées
au mois de septembre 1891, par M. l'abbé Lepelletier, doyen de
Saint-Etienne.

Voici la description de cette chaire magnifique. Construite en
bois de chêne, elle est, dans son style sévère comme dans sa
grandeur et son élévation, en rapport avec l'église. La rampe de
l'escalier est formée de quatre panneaux, la cuve en a cinq, l'abat-
voix est surmonté de statues.

Dans les panneaux de la cuve sont sculptées, avec un réalisme
parfait, cinq scènes de la vie de saint Etienne : son arrestation,
son discours à ses juges, son jugement, son martyre et la résurrec-
tion d'un mort. Malheureusement lorsqu'on a remonté la chaire,
ces panneaux ont dû être transposés; ils ne sont pas placés dans
l'ordre chronologique que nous venons d'indiquer.

Il a dû en être de même pour les panneaux de l'escalier sur
lesquels sont artistement sculptés les quatre Evangélistes avec
leurs attributs, et souvent, dans un coin ou comme perspective,
une scène caractéristique de leur vie.

Les statues de Notre-Seigneur, de Saint Benoît et de Saint
Etienne, de Saint Pierre et de Saint Paul, d'une hauteur d'environ

(1) Archives de la Fabrique, registre des délibérations.

(2) La chaire fut faite sur les dessins de « Jean Le Febure, m* sculpteur et
architecte, demeurant à Caen » et le devis dressé par lui et le menuisier Guille
Osmont. En plus de ses vacations avec ce dernier, 60 livres lui furent adjugées
le 14 décembre 1619 « pour la peine et salaire d'avoir faict et dressé les dessains
au nombre de quatre tant des chaises, clostures et chaire à prescher que
portes nécessaires estre faites..... à la charge pour ledit Le Febure de remettre
les dessains de la chaire à prescher et clouaisons au net toutes fois et quantes. »
— Fabien Crouillères, maître menuisier, exécuta le travail. La chaire est ainsi
décrite dans le devis : « Une grande chaize pour le predicateur laquelle on
mettra contre l'ung des pilliers de la nef avec une vis rampante autour de
lung des piliers pour monter à lad. chaize avec le dome et amortissement de
dessus de belle forme le tout suivant lordonnance de la besogne ci-dessus men-
tionnée laquelle aura de haulteur d'acoutoir douze pieds » (22 octobre 1619).

0^m 65, sans compter leur piédestal, forment la plus belle partie de l'ornementation de l'abat-voix qui semble avoir été modifié. — Le dossier est de date moins ancienne.

Cependant, les chrétiens reprenaient peu à peu le chemin de l'église. Le public venait nombreux aux offices. Les stalles du chœur étaient trop peu nombreuses (1). — Les bancs de la nef au nombre de 20 de 4 à 6 places, les 1300 chaises se remplissaient le dimanche.

Pour entretenir cette ferveur, M. Desbordeaux rétablit à Saint-Etienne la Confrérie du Saint Sacrement qui existait à Saint-Nicolas avant la Révolution, et fonda une Confrérie de charité pour les Morts. Les statuts de la première furent approuvés par Mgr Brault, le 21 messidor an XI (juillet 1803), ceux de la seconde le 13 septembre 1804. Elles ne survécurent pas longtemps à leur fondateur.

Au contraire, la Confrérie de la Bonne-Mort, qui remonte à la même époque, n'a cessé d'être en grand honneur parmi tous les chrétiens de la ville et des contrées voisines qui se font inscrire en grand nombre chaque année sur ses registres.

C'est dans l'exercice du ministère le plus actif que s'écoulèrent les dix années que M. Desbordeaux passa à la tête de sa grande paroisse. Il succomba subitement à la fatigue, et mourut en annonçant la parole de Dieu, le dimanche 11 avril 1813, à l'âge de 67 ans (1). Dans le même espace de temps, deux vicaires payèrent également de leur vie les travaux continuels d'un zèle infatigable : Ce furent MM. Jean François Lebreton, à l'âge de

---

(1) « Les citoyens Marguilliers considérant qu'il se trouve beaucoup de citoyens sans place dans le chœur les dimanches et fêtes parceque toutes les stales sont occupées, ont authorisé le citoyen Lafontaine à faire placer deux rangs de bancelles de chaque côté du chœur, un rang devant les basses stalles et un rang devant les hautes. » (Délib. du 18 prairial an XI).

(2) L'an 1813, mercredi 14 avril, le corps de vénérable et discrette personne M. François Desbordeaux, curé de cette paroisse et vicaire général de Monseigneur l'Evêque de Bayeux, âgé de 67 ans 5 mois décédé le dimanche 11 du présent mois à 4 heures du soir domicilié rue de Bayeux division du Nord a été inhumé par nous curé de Saint-Jean de cette ville dans le cimetière de cette paroisse en présence de témoins.

J.-J. PARIS,   BEAUSIRE,
Curé de Saint-Jean de Caen.   Curé de Notre-Dame.

39 ans, en 1805, et Edmond J.-J. Surosnes, âgé de 41 ans, en 1808.

Promoteur de l'Officialité de Caen, alors qu'il était curé de Saint-Julien, avant la Révolution, M. Desbordeaux reçut de Mgr Brault les lettres de vicaire général. Il en eut les pouvoirs jusqu'au jour de sa mort. Ce fut un autre vicaire général qui fut appelé à lui succéder.

Originaire d'une vieille famille de la Manche, M. Claude Louis Jean-Baptiste Godfroy de Boisjugan faisait partie de l'ancien chapitre de la cathédrale de Bayeux lorsqu'éclata la Révolution.

Fidèle à ses principes, il refusa de prêter le serment schismatique que l'on voulait exiger de lui. Mais, au lieu de partir pour l'exil, il résolut de rester dans le diocèse et d'y vivre caché, afin de se rendre utile aux prêtres et aux chrétiens, restés comme lui, attachés à leur foi.

Il reçut à cet effet, de Mgr de Cheylus, le titre de vicaire général, et se retira dans le village d'Amayé-sur-Seulles chez les demoiselles de la Morinière. Il y resta jusqu'à la réouverture des églises.

Mis en possession de la paroisse Saint-Etienne par M. Jean-Jacques Paris, curé de Saint-Jean, M. de Boisjugan s'efforça de marcher sur les traces de son vénérable prédécesseur.

L'état du grand orgue « qui était loin de produire tous ses effets » attira d'abord son attention. Il fit faire un devis par Dominique Huet, facteur d'orgues en la ville de Caen, place Saint-Pierre, n° 12, qui lui demanda 2,400 fr. pour relever et réparer les tuyaux. La pauvreté de la Fabrique fit ajourner cette restauration.

En 1815, eut lieu la construction du banc d'œuvre qui coûta 1,200 fr. Le dossier ne fut placé qu'en 1835. Peut-être en remplaçait-il un autre, car nous trouvons à la date de 1815, une facture de 32 fr. pour avoir « échaffaudé et coupé le pilastre ou colonne de pierre au milieu du banc d'œuvre. »

En 1821, de nouvelles cloches remplacèrent celles que M. Desbordeaux avait fait mettre en 1811 (1) et qui peut-être ne s'harmonisaient pas très bien. Le duc de Bordeaux et Mme la duchesse de Berry qui furent parrain et marraine donnèrent 1,900 fr. pour l'achat d'un ornement qui fut payé 4,600 fr. par la Fabrique.

______

(1) C'est de cette époque que les cloches sont placées dans la tour du côté de la rue Guillaume. Le beffroi qui se trouvait dans l'autre tour fut alors vendu.

Enfin, comme les chapelles du pourtour du chœur étaient dans le plus triste état, M. de Boisjugan en fit restaurer quelques-unes dans le goût du temps qui constrastait singulièrement avec le beau gothique du xɪɪɪᵉ siècle qui les entourait. Un autel avec colonnes et niches fut mis dans la chapelle de la Sainte Vierge. Un autel en bois avec un grand rétable s'élevant jusqu'à la voûte fut placé dans la chapelle de Saint Joseph; d'autres autels en bois et l'ostensoir avec les Anges adorateurs en plâtre de la chapelle du Saint-Sacrement remontent à cette époque. En 1822 la chapelle de la Vraie Croix, qui a été replacée en 1886 sous son vocable primitif de Saint-Jean, fut également restaurée pour recevoir la relique de la Vraie Croix donnée en 1818 par Mᵉ Guillot (1).

Mais la modification la plus importante alors apportée à l'église fut l'ouverture de la petite porte dans la chapelle dédiée au Sacré-Cœur. « Le Conseil de Fabrique ayant reconnu (1821) l'issue actuelle de l'église trop petite et peu convenante pour une église aussi vaste où se réunissent un grand nombre de fidèles, que cette issue est située sur une place qu'il est assez difficile d'accéder pendant l'hyver, que beaucoup de personnes retenues souvent chez elles à cause de la difficulté que présente réellement cet accès viendraient au service divin si elles pouvaient s'y rendre par l'entrée qu'on se propose d'ouvrir » décide de commencer les démarches à cette fin. Le tout ne fut terminé qu'au moment même de la mort de M. de Boisjugan, en janvier 1827.

Au commencement de la Restauration, les grandes missions de France donnèrent un nouvel essor au mouvement religieux qui s'était manifesté après la Révolution. Toute la ville de Caen jouit de ce magnifique spectacle en l'année 1816. Pendant six semaines, les ouvriers évangéliques remuèrent profondément, dans toutes les paroisses à la fois, le champ du père de famille. Le nombre des conversions fut immense. D'accord avec la municipalité, la plantation d'un Calvaire, acheté à frais communs, termina les exercices. Les fabriques de Saint-Etienne, Saint-Pierre, Saint-Sauveur, Notre-Dame et Saint-Jean y contribuèrent pour un sixième; le dernier sixième fut partagé par moitié entre Vaucelles et Saint-Gilles (2).

(1) La fabrique reconnaissance décida que la messe de midi serait dite à perpétuité pour la donatrice le dimanche de l'Exaltation.
(2) Archives de Saint-Etienne, lettre de M. Delalande, adjoint.

Cette mission avait été annoncée, le 10 octobre 1816, par Mgr Brault dans une lettre circulaire au clergé et aux fidèles de la ville de Caen : « Depuis longtemps, N. T. C. F., nos vœux et les vôtres appelaient au milieu de nous la présence de ces hommes apostoliques qui ont déjà parcouru plusieurs diocèses de France, et dont le zèle et les travaux ont partout obtenu les plus heureux succès...

« C'est donc avec une vive satisfaction que nous vous annonçons l'ouverture d'une mission dans la ville de Caen aux premiers jours du mois de novembre, etc. »

L'église Saint-Pierre était le centre de la mission ; mais les autres églises entendaient également chaque jour la parole ardente des missionnaires. Ecoutons le récit d'un journal de l'époque :

« Tandis que M. de Fraissinous est à Bordeaux, M. de Janson terrasse l'impiété dans une autre ville. M. de Rauzan et huit de ses vertueux *frères* viennent de quitter Caen et se rendent à Rennes. Qu'il faudrait un bien autre talent que le mien pour dire les travaux apostoliques de ces derniers, pour raconter les prodiges de leur éloquence suave, limpide, entraînante! La manière dont ils annoncent l'Evangile achèverait d'en prouver la vérité. On ne prêche pas le mensonge avec tant d'onction, avec tant de bonheur..... J'en atteste cette communion générale où 3,000 hommes se sont approchés de la Sainte Table, se sont nourris du pain des forts. Non, jamais spectacle plus touchant n'a frappé les regards d'un mortel. Quel recueillement! Quel pieux silence!.....

« Une autre cérémonie a succédé à cette édifiante journée. Les missionnaires ont planté lundi un Calvaire sur une de nos grandes routes. A midi la procession s'est mise en marche. Elle était ouverte par la gendarmerie. Venaient ensuite les jeunes filles qui se sont consacrées au culte de la Vierge. Elles étaient vêtues de blanc. Elles chantaient les louanges de Dieu, et la mélodie de leurs chants avait quelque chose d'angélique. Bientôt apparaissait la Croix, elle était portée par des hommes qui se relayaient. Ils étaient 500. Au milieu d'eux, on distinguait plusieurs chevaliers des Ordres de Malte et de la Légion d'Honneur. L'aspect de ces hommes, chargés d'un bois énorme, haletants et trouvant encore assez de voix pour faire entendre de saints cantiques, faisait couler des larmes de tous les yeux. Le clergé, les missionnaires, Mgr l'Evêque, les autorités civiles et militaires, suivaient dans l'ordre accoutumé. La marche était fermée par la compagnie départementale, c'était la garde nationale et la légion de la Seine qui formaient la haie. Enfin le cortège est arrivé au lieu où le signe du chrétien devait être arboré. Sur toutes les éminences environnantes se pressait une foule considérable, partout on n'entendait que des chants, que des cris d'amour et de joie. Après que la Croix a été plantée, M. de Rauzan a improvisé un éloquent discours dont nous avons retenu le passage suivant qui a ému tous les cœurs : Chrétiens, s'est-il écrié, votre divin Maître est mort en pardonnant. Déposez donc aux pieds de la croix toutes vos haines. Pardonnez-vous les uns les autres. Le temps de la réconciliation est arrivé. Plus de division, plus d'esprit de parti... » De toutes parts le même cri s'est fait entendre et longtemps le nom des missionnaires a été mêlé et a retenti parmi ces acclamations et ces vœux si unanimes, si universels.....

« Compatissant aux besoins des cœurs sensibles, ils ont consacré un de leurs jours au culte des morts, et tous ceux qu'ils avaient réconcilié avec Dieu ont pu, dans un service funèbre, s'attendrir sur la perte d'un frère, d'un ami auxquels la ferveur de la prière a sans doute ouvert les portes du ciel. Ils sont partis, mais environnés de notre estime, de nos respects. Ils sont partis, mais le souvenir de leurs services ne sortira jamais de notre mémoire..... Hommes admirables! Vous avez rejetté tous ces tributs dont une reconnaissance inconsidérée voulait payer vos bienfaits. Les hommes n'ont point de récompenses pour une charité si tendre, pour tant de vertu (1). »

Une relation manuscrite de la plantation du Calvaire complète ainsi le récit du Journal : « Le 23 décembre 1816, un lundi, à la suite d'une mission qui a eu lieu à Caen par des Missionnaires, on a planté le Calvaire de Vaucelles sur le chemin de Falaise.

Le cortège est parti de l'église Saint-Pierre, chef-lieu de la mission, à midi et demi. La gendarmerie ouvrait la marche; les grenadiers, pompiers et troupe de ligne bordaient la rue; après quoi, les tambours et musique militaire marchaient à la tête des demoiselles vêtues en blanc qui suivaient la bannière de la Vierge portée par l'une d'elle, beaucoup de dames mêlaient leurs voix à celles des filles de la Vierge qui chantaient des cantiques. Ensuite venait le Christ..... puis le clergé de la ville précédé des croix de

____

(1) Journal du Calvados, numéro du 27 décembre 1816.

toutes les paroisses avec tous les curés. Après M. l'Evêque de
Bayeux revêtu de ses habits et attributs épiscopaux marchait la
municipalité précédée de ses gardes et tous les magistrats de la
Cour Royale. Toutes les maisons étaient pavoisées et tendues comme
à la Fête-Dieu. Enfin on est arrivé dans le plus grand ordre au
lieu indiqué et il était presque nuit quand on a planté le Calvaire.
M. l'Evêque a dit des prières et puis a donné sa bénédiction. Il y
avait un monde considérable tant de la ville que des campagnes
pour voir cette cérémonie on ne peut pas plus belle (1). »

Pour ce qui regarde Saint-Etienne, le résultat positif et immédiat
se trouve ainsi décrit dans un rapport de M. de Boisjugan trans-
crit sur le registre des délibérations du Conseil de Fabrique. Il
conclut à la nécessité d'un troisième vicaire pour faire face aux
nécessités pressantes du saint Ministère « se voyant, dit-il, avec
regret forcé de le faire après quatre ans de travaux pénibles et
continuels. »

Voici donc le portrait religieux de la paroisse tracé dans la
séance du 12 mai 1817 :

« On ne peut, dit-il, se dissimuler que depuis la Révolution, la
paroisse de Saint-Etienne est une terre qui dévore ses vicaires et
ses pasteurs. Tout récemment elle a vu avec douleur périr Monsieur l'abbé Saffray à l'âge de vingt huit ans victime des fatigues
que lui a causé son zèle et son attachement à ses fonctions ; avant
M. Saffray, M. Lecomte, M. Lebreton, M. Surosne, tous jeunes
prêtres remplis de force et de santé avaient pareillement succombé
sous le poids de leur ministère. Feu Monsieur Desbordeaux,
dernier curé de la paroisse, mort en chaire, n'attribuait pas
d'autre cause à la maladie cruelle qui l'a emporté subitement.
Monsieur Bobhier, lui-même, vieillard de soixante et quelques
années tout rempli qu'il est de bonne volonté et endurci à la

<hr>

(1) Pour conserver le souvenir de ces fêtes, on distribua une gravure imprimée à Caen, chez Picard-Guérin. Près du Calvaire se tiennent un Evêque, un
Missionnaire qui prêche et plusieurs autres personnages. C'est la : « Représen-
« tation de la Croix plantée sur le Calvaire de la paroisse de Vaucelles de la
« ville de Caen. Cette cérémonie s'est faite le 23 décembre 1816 par les soins
« de M. de Rozan, supérieur des Missionnaires avec les signes de la religion
« les plus frappans. Ont assistés à cette procession Mgr l'Evêque et tout le
« clergé de la ville suivis d'une immense population pleine de ferveur et de
« piété. »

fatigue a manqué pareillement de périr aussi subitement l'année dernière et sa santé s'altère considérablement depuis quelque temps. Enfin par surcroit de douleur il y a lieu de craindre que M. de Beaumont, son collègue, âgé de 25 ans qui est nouvellement arrivé et paraît universellement goûté dans la paroisse ne puisse résister longtemps aux veilles et aux peines qu'il est obligé de se donner avec un tempérament faible et délicat. Dès lors, vous concevez facilement que dans une vaste paroisse comme celle-ci où l'on compte environ 9,000 âmes dont un grand nombre montre une piété tendre et se fait un devoir de fréquenter les sacrements, deux vicaires ne peuvent suffire à leurs besoins spirituels, aux soins qu'exigent journellement près de 2500 pauvres, les malades, les prisonniers, l'instruction des enfants de tout âge et spécialement de la première, de la deuxième et troisième communion. Dans des temps plus heureux le grand nombre de clercs et de prêtres séculiers ou réguliers qui étaient dans la ville de Caen aidaient aux curés et suppléaient en quelque sorte aux vicaires. Mais aujourd'hui tout le fardeau retombe sur ceux qui sont à la tête des paroisses et ils ne trouvent personne pour le partager.

La mission dernière qui a fait tant de fruit dans la ville de Caen et particulièrement dans la paroisse Saint-Etienne en ramenant un grand nombre de pécheurs, a doublé le travail des pasteurs, et si d'une part elle les a comblés de consolations en voyant tant de brebis égarées revenir au bercail, elle est pour eux d'autre part un sujet d'affliction en voyant que malgré tous leurs efforts, ils n'ont ni le temps ni les forces phisiques nécessaires pour seconder comme ils le désireraient le retour de tant d'âmes qui leur demandent du secours. Dans la Pâque dernière combien n'y en a-t-il pas eu qui n'ont pu trouver d'accès auprès d'eux dans le tribunal de la pénitence, et qui, après avoir passé des journées entières inutilement à attendre leur rang, se sont rebutés et retirés parcequ'il leur a été impossible de les entendre tous, à cause de la multitude des confessions générales et des pénitents de toute espèce qui se sont rapprochés pour leur communion pascale (1). »

Le Chemin de Croix actuel, dont plusieurs stations ont une

-----

(1) Registres des délibérations de la Fabrique.

réelle valeur, remonte à cette époque : sur la xiv⁰ station on lit cette inscription : L'an 1820, ces 14 tableaux représentant le chemin de la Croix ont été peints par Noury dans la 73ᵉ année de son âge. Priez pour le repos de l'âme de sa femme qui mourut pendant qu'il faisait ce travail, priez aussi pour lui et pour ses enfants. » Une consultation de Rome touchant les scènes qui doivent être représentées est conservée au Archives de la Fabrique. En 1890, M. Bréard ne retrouvant aucun titre authentique d'érection, bénit 14 nouvelles croix, le 2 novembre, et érigea canoniquement, avec la permission de Monseigneur, le *Via Crucis*.

Terminons ce chapitre en signalant une lettre adressée le 22 janvier 1822 à la Préfecture par M. de Boisjugan pour presser l'exécution d'un legs fait aux Sœurs de Saint Vincent de Paul au commencement de 1819. Cette lettre nous apprend qu'elles furent chargées, entre ces deux dates, de tenir sur la paroisse l'école de filles qui était précédemment dirigée par des Sœurs de Providence. Nous en parlerons plus loin, mais, nous tenons à constater dès maintenant, qu'il y avait 70 ans qu'elles remplissaient avec zèle ce poste glorieux lorsqu'elles ont été obligées de le quitter au mois d'août 1890. Elles n'ont cependant pas abandonné la lutte. Fidèles à leurs traditions, elles ont continué, grâce à la libéralité des fidèles, l'œuvre si importante de l'éducation religieuse et morale des enfants dans une dépendance de leur orphelinat.

Enfin, lorsque la ville voulut construire l'école de la rue Bicoquet en 1818, la Fabrique lui donna, dans sa séance du 14 novembre, les matériaux qui lui appartenaient de l'ancienne école des Frères de Saint-Nicolas pour les réinstaller dans la paroisse (1). Malheureusement, dans ces dernières années, les Frères comme les Sœurs ont dû se retirer, et ouvrir, à Bagatelle, une école libre où se rendent chaque jour, malgré son éloignement, les enfants qui veulent recevoir une éducation chrétienne.

---

(1) Les Frères des écoles chrétiennes avaient été établis à Saint-Nicolas à la fin de 1773. Le cardinal de Gesvres, abbé de Saint-Étienne, demanda à ses religieux, le 24 décembre, de fieffer aux Frères qui viennent s'établir dans le Bourg-l'Abbé, une partie de l'enclos de l'Aumônerie, aux fins d'y établir un logement convenable pour les écoles. (Actes capitulaires).

CHAPITRE QUATRIÈME

ORGANISATION ACTUELLE DE LA PAROISSE

Lorsqu'en 1820, il fut question de créer la paroisse Saint-Julien, une nouvelle « Démarcation des paroisses de Caen en conséquence « de l'Erection de l'église Saint-Julien en succursale, fut approuvée « par Mgr l'Evêque et M. le Préfet, le 19 septembre 1820. »
Malgré les réclamations de M. le Curé et des Membres de la Fabrique de Saint-Etienne, tout le quartier qui s'étend de la rue Formage à la rue de l'Odon, fut attribué à Notre-Dame. C'était une diminution d'environ 500 habitants, savoir : 153 de l'hôtel Sainte-Barbe à la rue de l'Odon, 145 de la rue Formage à la rue de l'Odon (du côté de la place Saint-Sauveur) 150 rue de l'Odon — 34 pour le côté de la rue Formage qui était enlevé.

Voici le texte, en ce qui nous regarde, de cette délimitation sanctionnée, le 8 novembre, par le roi Louis XVIII, publiée le 24, et rendue exécutoire à partir du premier dimanche de l'Avent, 3 décembre suivant.

SECTION 8me

PAROISSE DE SAINT-ETIENNE

La paroisse Saint-Etienne de Caen comprendra la rue Ecuyère, depuis la rue Fromage jusqu'à la place Fontette; un côté de la rue Formage, la place Saint-Sauveur, d'un côté jusqu'à la rue Formage seulement et de l'autre, jusqu'à la rue Pémagnie, la place Fontette ou du Palais, celle appelée promenade du Palais, excepté le côté dit la venelle au Loup, tout l'emplacement du Lycée et la rue de ce nom, la rue Pémagnie et celle des Acacias, le marché aux bestiaux, les rues Saint-Martin, Crespelière et de l'Académie; les venelles Saint-Martin, Saint-Blaise, Saint-Nicolas, et Crespilière; la rue Bicoquet, la rue ou chemin de Saint-Nicolas vers Bagatelle, jusqu'au chemin de Bagatelle vers Ardennes, toute la rue de Bayeux, celles des Fiefs et de Bretagne, la rue Neuve, la rue Caponière ou de l'Ecu et celle de l'Abbatiale, la rue des Capucins depuis la rue Caponière jusqu'au puits qui se trouve à quelque distance du Bon Sauveur; enfin une portion du territoire de la campagne compris entre le chemin de la haie Vignet contre Saint-Ouen, et le chemin de Bagatelle vers Ardennes, jusqu'à la hauteur du Calvaire placé sur la route de Bayeux et suivant la démarcation ci-après.

Dans la rue Ecuyère, en face la rue Formage, la limite de Saint-Etienne et de Notre-Dame, sera entre la maison dite l'hôtel Sainte-Barbe, appartenant au Sieur Lefèvre, et portant n° 13, et la maison n° 11 appartenant au Sieur Mutel.

La maison, à l'angle de la rue Pémagnie et de la place Saint-Sauveur, du côté de la rue de la Chaine, appartenant au Sieur Marescot, portant le n° 10 sur la place, et n° 2 sur la rue Pémagnie, fera en totalité partie de cette dernière rue, quoiqu'elle ait une entrée sur la place.

La maison entre celle-ci et la rue de la Chaine portant le n° 8, et appartenant au Sieur Deshayes, sera regardée comme faisant partie de la rue de la Chaine, et par conséquent elle dépendra de Saint-Sauveur.

La maison de Madame Desessard, qui a entrée sur la rue Pémagnie et sur celle de la Chaine, dépendra de cette dernière.

Sur les fossés Saint-Julien, la limite entre Saint-Etienne et Saint-Julien sera la clôture même qui se trouve entre le marché aux bestiaux et les promenades.

A partir de Bagatelle, la limite entre Saint-Etienne et Saint-Julien sera le chemin même de Bagatelle vers Ardennes, jusqu'à sa jonction avec celui de Saint-Gabriel, chaque paroisse en aura un côté.

Sur la place dite promenade du Palais, le côté, vulgairement appelé Venelle-au-loup depuis l'ancienne église Saint-Etienne jusqu'au pont sur le petit Odon, près la prairie, appartiendra à Notre-Dame; mais sans aucune extension sur la place, qui sera en totalité de Saint-Etienne.

A partir du pont précité, Saint-Etienne aura pour limite, entre Saint-Ouen, l'Odon jusqu'à la place dite des maronniers. Il partagera cette place avec Saint-Ouen jusqu'au chemin d'exploitation des jardins qui se trouvent à gauche en entrant dans la rue de l'Abbatiale. Ce chemin ou voie d'exploitation sera en totalité sur Saint-Ouen.

Dans la rue des Capucins, la limite entre Saint-Etienne et Saint-Ouen, sera au-delà du puits qui se trouve à quelque distance du Bon-Sauveur, entre les n⁰ˢ 47 et 49, d'un côté, et 44 et 46 de l'autre. Ainsi, la maison n⁰ 47 appartenant aux demoiselles Martin, et celle n⁰ 44 appartenant au Sieur Adam seront les dernières de Saint-Etienne et lui appartiendront en totalité.

Le chemin Damozanne allant de Saint-Ouen à l'extrémité de la rue de Bayeux, ainsi que les Dellages qui le bordent des deux côtés jusqu'au chemin d'exploitation ou de la haie Vignet qui revient à la route de Vire appartiendront à Saint-Ouen. Ce chemin d'exploitation et les Dellages qui le touchent immédiatement des deux côtés en dépendront également. A partir de ce chemin, en suivant la grande route vers Vire, le dellage qui la borde immédiatement jusqu'à l'extrémité du territoire de la ville sera encore de Saint-Ouen. On fixe ainsi la délimitation, afin que si l'on venait à bâtir sur les bords des chemins précités, les maisons dépendissent de Saint-Ouen, dont l'église est plus près que celle de Saint-Etienne.

Enfin, la limite entre Saint-Etienne et le hameau de la Maladrerie, sera une ligne aussi droite que possible, sans morceller les propriétés, à partir de la pointe où se joignent les chemins de Bagatelle vers Ardennes et de Saint Gabriel passant au delà du Calvaire, du côté de la Maladrerie, et se perpétuant jusqu'à l'extrémité du territoire de la ville. Cette ligne, tracée sur le plan cadastrale, passera entre les n⁰ˢ 450. 454. 146. 470. 469. 456. 67. 76. 75 et 90 qui se trouvent à gauche de son point de départ et entre les n⁰ˢ 177. 463. 149. 147. 472. 455. 66. 64. 63. 78. 79. 86. 87. 88 et 89. qui se trouvent à droite.

Par suite de cette nouvelle délimitation, les ressources de la Fabrique se trouvèrent diminuées. Le chaisier Beuzelin en profita pour demander la réduction de son fermage : il obtint une remise d'environ 400 francs.

Le 21 janvier 1827, M. de Boisjugan mourut à l'âge de 78 ans (1). M. Royer, proviseur du lycée, fut choisi pour le remplacer. Il fut installé le 6 mai 1827 par M. Charles Boscher, vicaire général, qui avait été, pendant quelques mois, en 1804, vicaire de St-Etienne.

Dans la force et l'activité de la jeunesse, le nouveau curé entreprit diverses améliorations dans son église.

L'un de ses premiers soins fut d'adresser au maire, le 21 août 1829, avec prière de la soumettre à son Conseil une demande tendant à réserver à l'église la jouissance d'un pourtour extérieur dans le parterre et derrière les nouvelles classes du lycée. « Ce passage, disait-il, est nécessaire pour les réparations de l'église et pour que le passage des élèves allant aux classes ne trouble point dans les chapelles. La décence du lieu saint réclame également une ligne de démarcation entre l'église et le parterre pour en défendre l'approche et la préserver de toute immondice. » La demande de M. le Curé fut octroyée, sur l'avis favorable émis le 5 septembre par le Conseil municipal et après délibération du Conseil royal de l'instruction publique (29 juin 1830). L'ordonnance royale fut rendue le 14 septembre 1830.

L'église n'avait d'ornement convenable que celui qui avait été acheté lors du baptême des cloches en 1821. M. Royer acheta du même coup, vers 1833, chez Narban, à Lyon, le dais, l'ornement en velours cramoisi brodé or et un ornement complet blanc broché or fin. Les deux premiers qui sont magnifiques, sont encore très-bien conservés, le troisième est beaucoup plus fatigué. Le 16 avril 1834, la Fabrique vota « 4 nouvelles tuniques en velours cra-

---

(1) Voici l'acte de décès de M. de Boisjugan :

L'an 1827 mardi 23 janvier, le corps de noble, discrète et vénérable personne Messire Claude-Louis-Jean-Baptiste Godefroy de Boisjugan, docteur en Sorbonne, ancien chanoine de Dol et de Bayeux, ancien vicaire général du diocèse de Bayeux, curé-doyen de la paroisse de Saint-Etienne, supérieur de plusieurs maisons religieuses, décédé le dimanche 21 du présent mois à 7 heures du soir, âgé de 78 ans environ, a été inhumé par moi, curé soussigné, dans le cimetière de cette paroisse en présence des témoins soussignés.

LESAGE,   NOEL,   LEPAGE,
Curé de Saint-Jean.   Curé de Saint-Sauveur.   Curé de Soliers.

moisi pour induts. » L'ornement en velours violet remonte à 1838 ; après 50 ans de service il a été teint de nouveau, les orfrois ont été remplacés, il est actuellement très convenable.

Le chapier en chêne pour recevoir tous ces ornements fut payé 600 fr. en 1833.

Pendant l'administration de M. Royer, il y eut plusieurs changements de cloches. En 1835, l'une d'elles étant cassée fut remplacée par une autre pesant 2800 livres. En 1839, Lebailly de Falaise en fondit 3 nouvelles et le beffroi fut refait. Celles qui subsistent actuellemet ont été fondues par Bollée du Mans en 1864.

Le pavage de l'église placé en 1765 par les Bénédictins était en très-mauvais état. Une somme de 13500 fr. était nécessaire pour paver en carreaux noirs et blancs les 1504 mètres de superficie de la nef et des bas-côtés. La ville y contribua pour 6000 fr. La nef fut faite en 1845, les travées en 1853.

Dans cet intervalle (1847), la restauration de la chapelle Halbout s'imposa tout d'un coup. L'écartement des murs occasionné par la voûte en pierre qui était trop pesante nécessita son remplacement par une autre en plâtre très légère. Ce fut une dépense de 10000 fr. à laquelle la ville contribua pour une somme de 7000 fr.

En 1849 eut lieu la reconstruction du Calvaire de la paroisse sur la route de la Maladrerie. Comme celui qui le précédait n'avait pas de marches ou en avait de très mauvaises, M. Royer, acheta les marches et le palier en granit de Vire qui existent encore aujourd'hui, pour la somme de 1147 fr. Il replaça sur le nouveau Calvaire en bois le Christ en bois qui était sur la croix précédente. Lors du jubilé sacerdotal de M. l'abbé Bréard, la paroisse a substitué aux derniers vestiges qui restaient du Calvaire de 1849 le magnifique Calvaire en granit de la Manche que tous admirent et que le temps et les révolutions, espérons-le, respecteront à jamais.

Enfin, des grilles ayant été placées devant le lycée, la Fabrique en fit mettre devant l'église en même temps qu'elle fit faire le trottoir et rempater la façade (1854). La contribution de la ville ne s'éleva qu'à 1500 fr., moitié des frais du trottoir et du rempatage. Le budget de 1855 porte une somme de 1000 fr. pour l'achat d'une grille à mettre devant l'église.

L'œuvre dernière accomplie dans l'église par M. Royer et qui mérite de fixer notre attention, fut l'achat en 1851 d'un petit orgue d'accompagnement d'abord placé dans la tribune au-dessus de la sacristie, puis redescendu dans le chœur, et enfin la restauration du grand orgue en 1860 par Verschneider. Les onze soufflets qui alimentaient ce dernier furent remplacés par une soufflerie nouvelle et le mécanisme remis à neuf. Tous les sommiers furent relevés et réparés; un sommier de *Récit* de sept jeux, tiré de l'ancien grand orgue de Notre-Dame fut ajouté; l'ancien clavier *d'écho* fut supprimé; enfin, pour donner plus de puissance à l'instrument, une nouvelle bombarde neuve et une grosse flûte de 16 pieds furent ajoutées.

A partir de cette époque, toute l'activité et tous les efforts de M. l'abbé Royer, semblent s'être concentrés sur l'œuvre si importante commencée dès 1835, d'un orphelinat de filles et de garçons. — Ses préoccupations, ses ressources sont plus particulièrement dirigées vers ses orphelins. Il ne cesse point d'être curé; mais, l'on devine facilement à ses pieuses industries pour obtenir des ressources en faveur de son établissement, à la manière dont il en parle, aux sacrifices qu'il s'impose pour éloigner de sa maison un voisinage qui aurait pu lui être nuisible, que son cœur et ses affections sont là.

Par son testament du 24 octobre 1870, M. Royer « légua à la cure de Saint-Etienne en toute propriété tous les immeubles, meubles et meublants possédés par lui, rue de Bayeux et étant principalement le siège de deux établissements d'orphelins et d'orphelines confiés aux Sœurs de Saint-Vincent de Paul. Mon désir ardent, ajoutait-il, est que cette œuvre soit continuée après moi par la Fabrique de mon église, et que mes successeurs dans la cure en soient les directeurs. »

Ainsi en a-t-il toujours été et l'on peut dire en toute vérité que cette tâche n'a cessé d'être rendue facile par la sage direction, l'énergie de volonté, l'habile administration de la Sœur Bouiller qui depuis 35 ans réussit chaque année à équilibrer un budget énorme qui ne trouve ses ressources que dans la charité publique.

Après la mort de M. Royer, arrivée le 4 février 1872 (1), M. l'abbé

(1) Aujourd'hui, jeudi 8 février 1872, le corps du sieur Alexis-Hippolyte Royer curé-doyen de cette paroisse, décédé le 4 du présent mois a été inhumé dans le cimetière de cette paroisse, par M. Ducellier, vicaire-général du diocèse en présence des témoins soussignés.

A. Poitron,   V. Gontier,
Vicaires de Saint-Etienne.

Bréard, curé de Vaucelles, fut appelé à lui succéder. — Nous n'entreprendrons pas de refaire son éloge; nous avons dit dans la trop courte notice que nous lui avons consacrée (1) ce qu'il fut pendant toute sa vie : un saint prêtre, un savant professeur, un sage supérieur, un pasteur modèle. Nous avons brièvement raconté ce qu'il entreprit et exécuta dans sa paroisse pendant les 19 années qu'il y passa. Nous ne ferons que compléter les renseignements que nous avons donnés.

En 1874, tandis que l'Etat restaure les clochers et la nef, il entreprend de transformer l'abside. Il commence par les vitraux de l'abside et les rosaces des tribunes. M. Georges Bouet lui aide dans le choix des sujets qui doivent orner les premiers et rappeler avec le souvenir des paroisses supprimées, les grands Saints de l'Ordre qui construisit l'église et le célèbre Lanfranc qui fut son premier abbé. Nous voyons donc à droite et à gauche de saint Etienne qui est au centre, saint Nicolas et saint Martin, saint Benoît et saint Anselme, le bienheureux Lanfranc et sainte Scholastique. Ces vitraux et les rosaces coûtèrent 15000 fr.; M. Bréard en donna dix, l'Etat fournit le reste.

Il contribua dans la même proportion à fournir la somme à peu près semblable qui fut employée en 1876 à la chapelle de la Très-Sainte Vierge. Les verrières faites par M. Champigneulle, de Bar-le-Duc, sur les dessins de M. Steinhel de Paris, rappellent les scènes de la vie de la Très-Sainte Vierge. Comme elles sont très-connues et faciles à comprendre, nous ne les décrirons pas. Le pavé forme un damier en céramique de différentes couleurs. L'autel de forme originale avec ses flammes autour du tabernacle et ses riches émaux est d'un heureux effet. L'inscription suivante gravée autour de la table rappelle l'époque de sa consécration : « Anno Domini MDCCCLXXVI, VI idus Novemb., hoc altare consecravit ac in honorem B. M. V. dedicavit RR. DD. Flavianus Episc. Bajoc. et Lexov. » Les reliques sont placées dans le tombeau de l'autel, *derrière la grande plaque d'émail* qui se trouve au milieu. Comme rien ne l'indique extérieurement nous tenons à signaler le fait.

Dans cette chapelle sont enterrés l'un à droite, l'autre à gauche

M. Royer, était chanoine de Bayeux, chevalier de la Légion d'Honneur et officier d'Académie.

(1) Notice sur M. l'abbé Bréard, curé de Saint-Etienne, in-8 de 24 pages.

de l'autel les deux abbés de Martigny. L'un des cercueils en plomb fut retrouvé intact pendant le travail de restauration, et remis en place. L'autre n'a pas été mis à jour, pensons-nous. Cependant, il repose certainement à l'endroit qu'il occupait primitivement, ainsi que le constatent les deux procès-verbaux de leur premier relèvement en 1819, lorsque M. de Boisjugan fit restaurer la chapelle (1).

Ainsi que nous l'avons déjà constaté, les deux pierres tombales de l'architecte du chœur et du prieur de l'abbaye à cette époque se trouvent à fleur de terre dans le mur extérieur de cette chapelle.

Le devis de la chapelle Saint-Joseph qui fut ensuite restaurée

(1) Voici le texte de ces procès-verbaux qui ne sont pas absolument exacts quant aux renseignements historiques.

Du côté de l'Evangile

Ici repose le corps de vénérable et digne prélat, Charles de Martigny, natif du Diocèse de Bayeux, évêque de Perpignan, (évêque d'Elne à 14 kil de Perpignan. L'évêché ne fut transféré dans cette ville qu'en 1602), ensuite de Castres et abbé commendataire du monastère de Saint-Etienne de Caen, élu en 1485; lequel, pour son grand scavoir avait été plusieurs fois choisi et envoyé en ambassade par les rois de France Charles VIII et Louis XII, pour le bien public et affaires du royaume. Il fit construire à ses frais une maison abbatiale à Caen et plusieurs autres bâtimens sur la baronnie de Torteval et fit fondre une très-grosse cloche appelée LA CHARLOTTE du poids d'environ 40000 livres, surpassant en pesanteur toutes celles du Royaume, même celle de GEORGES D'AMBOISE de Rouen. Cette cloche fut prise et brisée par les protestants qui démolirent son tombeau et ravagèrent toute l'église en 1562. Il mourut à Paris, le huit de juillet 1512 et son corps fut rapporté à Caen et inhumé en ce lieu ou l'on éleva en sa mémoire un magnifique mausolée de marbre qui fut détruit par les protestans 50 ans après. Ils ne touchèrent pas néanmoins à son corps qui fut retrouvé à la même place en 1819, lorsqu'on reposa cet autel et y est resté inhumé du côté de l'Evangile.

Requiescat in pace

Du côté de l'Epître

Ici repose le corps de vénérable et digne prélat, Pierre de Martigny, neveu de Charles de Martigny, inhumé de l'autre côté de cette chapelle. De simple relligieux qu'il était en ce monastère de Saint-Etienne il succéda à son oncle en qualité d'abbé commendataire par la démission que celui-ci donna et qui fut reçue à Rome le 5 octobre 1505. Il fut nommé en même temps évêque de Castres, puis de Bayeux et prêta le serment au roi le 18 avril 1506. Ce fut lui qui fit bâtir en cette abbaye une grande salle pour y tenir les assemblées générales de la province de Normandie; et mourut à Caen le 15 septembre 1531. Son corps fut inhumé dans cette chapelle ditte de la sainte Vierge ou l'on érigea un superbe monument au pied duquel il a été retrouvé en 1819, près les marches de l'autel du côté de l'Epître, ou il est resté déposé.

Requiescat in pace

en l'année 1880, s'élève à environ 10,000 fr. Le rétable exécuté, comme celui de la Vierge et de saint Jean, par M. Jacquier de Caen, représente d'un côté l'atelier de Nazareth, de l'autre la mort de saint Joseph ; au centre le crucifiement. Les vitraux sont d'un bel effet, mais il est regrettable que l'artiste qui les a dessinés ait reproduit plusieurs scènes semblables dans deux chapelles voisines l'une de l'autre.

L'architecte, M. Ruprich-Robert, a eu l'heureuse idée d'employer au pavage de cette chapelle et de la chapelle Saint-Jean, les briques vernissées et fort bien conservées qui avaient été enlevées au commencement du siècle, de la salle des gardes du lycée et déposées dans le vieux Saint-Etienne. Leurs dessins sont variés, quelques-unes sont armoriées, et il est bon de faire remarquer, avec M. Bouet, « que les controverses au sujet de leur origine, entre M. Henniker et lord Leicester forment le point de départ des études modernes sur la céramique. »

La chapelle Saint-Jean fut restaurée en 1886 et 1887 aux frais de M. le Curé. L'Etat ne prit même pas à sa charge le gros œuvre ainsi qu'il l'avait fait pour les deux autres chapelles. Il est à regretter que M. l'architecte n'ait point consenti à mettre des émaux pour réveiller le tombeau de l'autel et le rétable sur lequel sont représentés avec le Crucifiement de N.-S. et le martyre de saint Jean, sa vision dans l'île de Patmos (1).

Mais, il est une réparation que nous tenons à faire dans cette histoire, et qui nous est commandée par un sentiment de justice et de reconnaissance vis-à-vis du courageux et infatigable bénédic-

---

(1) Comme les sujets des vitraux sont assez difficiles à comprendre, voici l'explication donnée par le dessinateur, M. Steinheil : « Vous remarquerez, écrivait-il le 18 octobre 1886, que je n'ai pas de sujets antérieurs à saint Jean à la porte latine. En ceci, je suis la donnée de Chartres pour ne pas répéter les sujets communs à la vie de saint Jean, de la Sainte Vierge et de Notre Seigneur, — Voici donc les sujets en commençant par le bas. — *Fenêtre de gauche.* 1 Saint Jean à la porte latine — 2 Saint Jean revient de Patmos — 7 Saint Jean écrit l'Evangile — 4 Saint Jean ressuscite Drusienne — 5 Craton enseigne la philosophie — 6 Deux jeunes gens brisent les pierres précieuses — 7 Saint Jean somme Craton d'embrasser la foi — 8 et 9 Deux anges. —— *Fenêtre de droite.* 1 Saint Jean convertit des bâtons en or — 2 Jeunes gens font essayer l'or — 3 Jeune époux ressuscité — 4 Saint Jean devant Aristodème — 5 Saint Jean avale le poison — 6 Jésus apparaît à saint Jean — 7 Saint Jean dans son tombeau — 8 et 9 Deux anges.

tin qui sauva l'église d'une ruine complète et la restaura : dom J. de Bailhache qui fut inhumé dans cette chapelle. Une pierre tombale avait jusqu'alors indiqué le lieu de sa sépulture. Cette pierre ayant été enterrée sous le pavé actuel et l'inscription n'étant reproduite nulle part, nous nous faisons un devoir de la donner. Elle est ainsi conçue :

Hic jacet D. Joannes de Bailhache, qui zelo zelatus pro domo Domini, hæc sancta vesano hæreticorum furore pene subversa mundari ac renovari curavit, asceta fuit 67 annis, ascetarum protoprior 40, obiit die 16 aprilis anni 1644 ætatis suæ 82. Requiescat in pace — Ici repose D. Jean de Bailhache qui rempli du zèle le plus ardent pour la maison du Seigneur, prit soin de purifier et de renouveler ce lieu Saint presque détruit par la fureur insensée des hérétiques. Il fut moine pendant 67 ans, prieur des moines 40; il mourut le 16 avril de l'année 1644 à l'âge de 82 ans. Qu'il repose en paix.

Les armes de D. Baillehache placées en tête du « Papier journal concernant le total revenu de l'office de chantre de Labbaye de Sainct Estienne de Caen », étaient : de gueules, à un sautoir d'argent, accompagné de 4 merlettes de même.

Il y a, au Musée des Antiquaires de Normandie, un tableau provenant de l'église de Verson sur lequel dom Baillehache est représenté à genoux sur un prie-Dieu à ses armes. En face de lui se trouvent la sainte Famille, saint Benoît et sainte Scholastique. L'église de l'abbaye avec la tour centrale actuelle occupe le fond du tableau. On lit au bas : Anno 1632 ætatis 70.

Enfin, c'est à M. l'abbé Bréard qu'est due toute la restauration et l'ameublement complet de la chapelle du Sacré-Cœur sous l'horloge. Longtemps avant de mourir il avait eu le projet de compléter ses travaux par celui-ci. Il n'en a pas vu l'achèvement, mais le souvenir de sa générosité y restera toujours attaché (1).

---

(1) M. l'abbé Bréard est mort le 25 janvier 1891 à l'âge de 76 ans. Son acte de décès est ainsi conçu : « Aujourd'hui 29 janvier ont eu lieu les obsèques solennelles de vénérable et discrète personne M. l'abbé Pierre Désiré Bréard, curé-doyen de Saint-Etienne, chanoine honoraire de la cathédrale de Bayeux et de la Métropole de Besançon, pieusement endormi dans le Seigneur le dimanche 25 janvier en la fête de la Bonne Mort. L'inhumation a été présidée par Sa Grandeur Mgr l'Evêque de Bayeux assisté de MM. Reverony, Goudier, Duvelleroy et J.-B. Hugonin, vicaires généraux. La messe a été célébrée par

En 1885, un grand orgue de 50 jeux sorti de la maison Cavaillé-Coll, de Paris, a remplacé dans l'église Saint-Etienne l'orgue de 60 jeux que les Bénédictins avaient fait construire, en 1741, par « les frères J.-B. Nicolas et Louis Lefèvre conjointement avec Clement Lefèvre, leur cousin, tous trois facteurs d'orgues, demeurant à Rouen d'où ils sont originaires. » — Cet orgue magnifique inauguré le 2 mars par M. Guilmant, organiste de la Trinité de Paris, fut bénit par Mgr Hugonin, évêque de Bayeux. Le discours de circonstance fut prononcé par Mgr Germain, évêque de Coutances. — Nous ne pensons pas être indiscret en faisant connaître que M. le curé fournit 30,000 fr. sur les 70,000 que coûta l'instrument.

Qu'il nous soit permis de réparer une erreur commise dans la brochure que nous avons alors publiée sur le grand orgue. Nous attribuions au menuisier François Poche, attaché à l'abbaye de Saint-Etienne en qualité de commis ou homme d'affaire, la gloire d'en avoir construit le buffet. Une lecture faite, en 1891, à la Sorbonne, par M. Veuclin, de Bernay, sur les anciennes corporations artistiques de la Normandie nous a détrompé à ce sujet. Voici la partie de ce travail très obligeamment communiquée par l'auteur qui nous intéresse :

« Forts de leur importance matérielle, les menuisiers Caennais poussèrent si loin l'intolérance et l'arbitraire que les officiers municipaux durent intervenir à l'occasion d'une saisie plus osée que les autres et qui est ainsi rapportée dans le mémoire de la municipalité :

« En 1741, les religieux bénédictins de l'abbaye royale de Saint-Etienne de Caen ayant dessein de faire placer un jeu d'orgue dans leur église se retirèrent vers les maîtres menuisiers de cette ville pour faire marché avec eux du buffet de ce jeu d'orgue. Ces ouvriers voulant profiter de l'occasion comme ils font en toute rencontre, demandèrent une somme si exorbitante que ces religieux se trouvèrent obligés de faire faire ce buffet à Rouen, où ils trouvèrent de meilleur ouvrage et un tiers de meilleur marché qu'à Caen. Ce buffet ayant été transporté dans cette ville avec les outils

Monsieur le Doyen de Saint-Jean et l'oraison funèbre prononcée par Monseigneur qui a lui-même fait ensuite l'absoute et conduit le corps à sa dernière demeure. *Requiescat in pace.* »

nécessaires pour le monter, les gardes menuisiers firent saisir l'ouvrage et les outils sur le quay lorsqu'on dechargeoit le tout du bateau sur lequel il avoit été chargé. Cette saisie ayant occasionné un haro devant le lieutenant de police, ce juge rendit sentence le 12 may 1741 par laquelle il accorda aux religieux de Saint-Etienne main-levée provisoire des choses saisies aux charges de droit et renvoya, sur le principal, les parties à certain jour. Les gardes menuisiers faschés de lascher prise, interjettèrent appel de cette sentence au Parlement de Rouen..... Il intervint arrêt le 9 mars 1742 qui met l'appellation à néant et condamne les menuisiers en douze livres d'amende envers le Roy et aux dépens. »

Suivant cette requête, ce buffet « faisait l'admiration des curieux » Le devis et le marché en avaient été faits avec le nommé Gouy, menuisier de la ville de Rouen (1).

Terminons ce chapitre en rappelant, comme nous l'avons fait précédemment en pareil cas, la mission qui fut donnée, en 1881, par les RR. PP. Eudistes ayant à leur tête le R. P. Ledoré, supérieur général, et qui produisit les plus heureux résultats.

Ces fruits ont-ils tous persévéré? Nous n'osons l'affirmer. Les ronces ou les oiseaux du ciel en ont étouffé ou fait disparaître une partie. Cependant, il est toujours vrai de dire qu'à Saint-Etienne la religion et ses ministres n'ont cessé d'être entourés de respect et de vénération. Chez les hommes, la foi n'est peut-être pas assez pratique ; dans les grandes circonstances où elle a dû se manifester ouvertement, elle est apparue néanmoins forte et vigoureuse : il suffit de citer la grandiose manifestation de la plantation du Calvaire en 1888 (2) et plus récemment les obsèques solennelles de

---

(1) Archives de la Préfecture du Calvados. — Menuisiers.

(2) Cette plantation eut lieu le lundi de la Pentecôte. Le matin avait été célébrée la fête du Jubilé Sacerdotal de M. le Curé. « Le triomphe du Christ dans son prêtre avait eu un caractère de touchante intimité. Celui du Christ dans sa croix revêtit une majesté grandiose..... D'un bout à l'autre du parcours de la procession les maisons couvertes de guirlandes, de verdure, de riches tapisseries, exprimaient au Sauveur qui passait, la foi, la reconnaissance et l'amour des habitants de la rue de Bayeux. Les riches couronnes qui précédaient et suivaient le Christ porté par cent hommes de bonne volonté, lui disaient aussi, la part que prenaient à son triomphe toutes les autres rues de la paroisse.

Lorsque la procession arriva au Calvaire, pendant qu'on élevait dans les airs

M. l'abbé Bréard. Chez les femmes plus naturellement portées à la piété, la fréquentation de l'église et des sacrements est beaucoup plus nombreuse; nous croyons être dans le vrai en disant que la paroisse Saint-Etienne ne le cède, sous ce rapport, à aucune autre de la ville.

Et si maintenant, après nous être réjoui d'avoir été, pendant treize ans, l'instrument dont Dieu s'est servi pour faire un peu de bien dans une paroisse qui fut toujours remplie pour nous de bienveillance et de sympathie, il nous est permis d'émettre un vœu pour lui exprimer notre reconnaissance, nous n'en formerons pas d'autre que celui de saint Paul aux Ephésiens : « Estote ergo imitatores Dei, sicut filii carissimi : et ambulate in dilectione sicut et Christus dilexit nos, et tradidit semetipsum pro nobis oblationem et hostiam Deo in odorem suavitatis. — Soyez donc les imitateurs de Dieu, comme des enfants bien aimés. Marchez dans la dilection comme le Christ qui nous a aimés et s'est livré lui-même pour nous à Dieu comme une oblation et une victime d'agréable odeur. — Pax fratribus, et charitas cum fide, a Deo Patre, et Domino Jesu Christo. Amen. Que Dieu le Père et le Seigneur Jésus-Christ donne à tous mes frères la paix et la charité avec la foi. Ainsi soit-il. » (Eph. v et vi).

---

l'image de Jésus crucifié, 20,000 personnes se pressaient sur la route et dans les champs qui la bordent. Au chant des cantiques et des hymnes, au cri de : Vive la Croix, les derniers préparatifs s'étant accomplis, Monseigneur bénit alors le nouveau Calvaire, et après que tout le clergé eut adoré la croix, il engagea toute cette foule immense à rester fidèle au drapeau du chrétien qui venait d'être arboré avec tant d'enthousiasme à l'entrée de la paroisse.

Au retour à l'église, le R. P. Arthur, religieux franciscain qui avait prêché une retraite préparatoire à cette grande cérémonie, prononça en présence du peuple entassé dans les vastes nefs de Saint-Etienne, un magnifique panégyrique de la Croix. »

CHAPITRE CINQUIÈME

CONFRÉRIES — RELIQUES — USAGES
SŒURS DE SAINT-VINCENT-DE-PAUL

Nous grouperons dans ce dernier chapitre tout ce qui peut intéresser l'administration intérieure de l'église, évitant de répéter les renseignements que nous avons été obligé de donner dans le cours de cette histoire.

CONFRÉRIES

Comme nous l'avons dit précédemment, la plus ancienne Confrérie créée dans la paroisse est celle du *Très-Saint-Sacrement* (juillet 1803).

Avant la Révolution, elle était établie à Saint-Nicolas dans la chapelle de saint Sébastien et de saint Mathurin. Ses statuts avaient été approuvés le 23 juillet 1645, par D. Charles Fortin, prieur de l'abbaye de Saint-Etienne, D. Mathieu de la Dangie, dont nous avons eu plusieurs fois l'occasion de parler, et par F.-G. Hubert, gardien des Cordeliers de Caen. Les Associés étant obligés par devoir à faire honorer la divine Eucharistie, « tous blasphémateurs, jureurs, ivrognes, impudiques et autres personnes publiquement scandaleuses, » étaient formellement exclus. A la mort d'un Associé, on disait une messe pour lui dans la chapelle de la Confrérie (1).

Le but que devaient se proposer d'atteindre les Associés reçus par M. Desbordeaux était le même : « Ils témoigneront donc leur

(1) Hippeau, Histoire de l'abbaye de Saint-Etienne, p. 450.

zèle, disait le règlement, par leur fidélité à se rendre à l'église toutes les fois qu'il sera exposé au culte des fidèles soit pour porter leurs frères à un si juste devoir, soit pour empêcher les irrévérences des hérétiques et des libertins..... La fête du Saint-Sacrement étant la principale de ladite Association, ils assisteront aux offices et processions qui se feront pendant l'Octave et accompagneront le T. S. Sacrement les jours marqués pour lesdites processions ainsi que les autres jours de l'année où elles se feront, un cierge à la main. Ils se règleront de manière qu'il y ait toujours au moins un confrère en adoration quand le Saint-Sacrement sera exposé..... »

Il est regrettable que ces pieuses pratiques soient tombées dans l'oubli. Un réveil s'est manifesté cependant lors de l'arrivée de M. l'abbé Lepelletier, comme curé de la paroisse, en 1891. Un groupe d'hommes, pendant toute l'Octave de la Fête-Dieu accompagnait chaque soir avec des cierges le T. S. Sacrement. Ce groupe fut même très-considérable le dimanche du Sacré-Cœur. Puisse-t-il être encore beaucoup plus nombreux dans l'avenir !

— La Confrérie de *la Bonne Mort* dont le but est d'obtenir du Ciel une mort douce et heureuse a toujours été très populaire, non-seulement dans la paroisse et la ville de Caen, mais dans toute la province de Normandie.

Approuvée le 18 décembre 1804 par le cardinal Caprara, légat du Pape en France, elle fut successivement reconnue par deux bulles du Souverain Pontife Pie VII, en date du 26 septembre 1817 et du 15 septembre 1818. Par ces deux bulles, Sa Sainteté accorde à tous les Associés confessés et communiés une indulgence plénière le 4e dimanche de chaque mois, aux conditions ordinaires (5 Pater et 5 Ave), et une autre à l'article de la mort, en invoquant s'il est possible, le saint nom de Jésus.

Moyennant une cotisation annuelle de 1 fr. 20 ou un abonnement à vie, les membres inscrits ont droit à une messe au moment de leur agonie et à plusieurs autres après leur mort — Chaque jour, deux messes sont dites pour les Associés, l'une pour les vivants, l'autre pour les morts. Les deux messes du dimanche sont à l'intention de la personne agrégée à la Confrérie qui mourra la première.

La fête principale de l'Association a lieu le 4e dimanche de janvier. Il y a exposition du T. S. Sacrement à la grand'messe et sermon aux vêpres. Le lendemain un service solennel est célébré pour tous les Associés défunts.

Est-il surprenant, après tous ces avantages, qu'un grand nombre de chrétiens se fassent chaque jour inscrire sur les registres? Depuis l'origine de la Confrérie, plus de 50,000 personnes lui ont donné leurs noms.

— L'*Association des Enfants de Marie* est de création relativement récente. Elle fut établie par M. l'abbé Bréard en 1879 et canoniquement érigée le 13 novembre de la même année, par ordonnance épiscopale de Mgr Hugonin, évêque de Bayeux. Le 6 décembre suivant, elle fut affiliée à la *Prima Primaria* de Rome par lettres du R. P. Beckx, général de la Compagnie de Jésus, et eut part, dès lors, à tous ses privilèges et indulgences.

Précédemment, il y avait dans la chapelle Halbout, une autre *Congrégation de Vierges*, qui avait été fondée par M. Desbordeaux en 1808, approuvée par Mgr Brault, en 1814 et par le S. P. Pie VII, en 1817. Comme cette Congrégation diminuait de jour en jour, et qu'elle ne se recrutait plus depuis plusieurs années, elle fut remplacée par la précédente dont les membres actifs ne doivent être âgés que de 15 à 30 ans.

Espérons que cette Association qui se propose de former les jeunes filles à une vraie et solide piété, prendra de jour en jour un plus grand accroissement.

— Nous ne parlerons de l'Œuvre de la *Propagation de la Foi* que pour signaler la gloire qui revient à la paroisse Saint-Etienne d'avoir été *la première* du diocèse à recevoir cette œuvre. Voici la pièce qui établit l'authenticité du fait :

« Nous, Charles-Richard Dancel, évêque de Bayeux et Lisieux

Voulant accorder une marque spéciale de notre protection à l'Association dite de la Propagation de la Foi et donner consistance à cette bonne œuvre de notre diocèse.

Considérant que la paroisse Saint-Etienne de Caen est *la première* qui se soit déclarée pour cette bonne œuvre, autorisons

1° qu'une chapelle y soit érigée en l'honneur de saint François-Xavier, patron de ladite Association.

2° qu'on y célèbre le 1er vendredi de chaque mois et le jour de l'Invention de la Sainte Croix, anniversaire de la fondation de l'œuvre une messe basse pour tous les Associés à laquelle nous attachons l'indulgence accordée par le Souverain Pontife.

3° que tous les ans, le 2 décembre, jour où le Souverain Pontife a attaché l'indulgence plénière de la fête de saint François-Xavier, cette fête y soit célébrée pour tous les Associés sous le rit solennel : grand'messe, vêpres, salut, procession, station à la chapelle Saint-François-Xavier, et bénédiction du Saint-Sacrement.

Donné à Caen, ce 3 novembre 1828.

CHARLES, évêque de Bayeux.

La chapelle primitivement dédiée à sainte Suzanne et à sainte Scholastique fut attribuée à saint François-Xavier. Un grand tableau formant rétable et représentant le Saint missionnaire prêchant les sauvages, indique son nouveau vocable.

— Le *Tiers-Ordre de Saint François*, par suite de la disparition des Capucins, n'avait plus à Caen, après la Révolution, d'endroit officiel pour faire ses réunions. Un religieux de cet ordre, le R. P. Jean-François Michel, retiré à Saint-Etienne avec le titre de missionnaire apostolique, après son retour d'Angleterre au mois de floréal an x, obtint de M. le Curé, avec l'agrément de Monseigneur l'Evêque, la permission de consacrer à cet usage la grande chapelle placée sous la tribune de l'horloge. Depuis lors, elle prit le nom du patriarche d'Assise.

Pendant nombre d'années, les assemblées des Confrères furent présidées par le vénérable religieux. Après sa mort, les membres du Tiers-Ordre continuèrent de se réunir dans cette chapelle jusqu'à ce que les RR. PP. Récollets soient venus se fixer à Caen.

— Les *Conférences de Saint-Vincent-de-Paul* furent établies à Caen dès le mois de mars 1840, peu d'années après leur admirable fondation en 1833 par Frédéric Ozanam. Elles comprirent d'abord des membres appartenant à toutes les paroisses de la ville. Les réunions avaient lieu à Notre-Dame, et correspondaient avec le bureau central de Paris.

Au mois d'octobre 1846, le nombre des adhérents ne cessant d'augmenter, de nouvelles conférences furent établies à Saint-Pierre et à Saint-Jean. Le 19 juillet 1853, leur organisation était suffisamment forte pour que le Conseil général de Paris déléguât M. Deneuville, pour établir à Caen un Conseil central chargé de promouvoir de nouvelles conférences dans les départements voisins.

Si la paroisse Saint-Etienne n'a pas de conférence portant son nom, elle a du moins l'honneur de fournir la grande majorité des membres qui composent celle de Notre-Dame. L'Apostolat de la charité comme celui de la prière n'ont jamais cessé de trouver dans la population de fervents adeptes.

RELIQUES

L'Eglise Saint-Etienne était autrefois très-riche en reliques. Elle possédait même, avant le ravage des Protestants, une portion notable du corps de saint Etienne que lui avait obtenue Guillaume le Conquérant. Voici, d'après l'ouvrage publié en 1655, sous le titre d'*Asile Salutaire touchant la dignité des reliques des Saints*, ce qu'en disait D. M. de la Dangie de Renchy, docteur en théologie et cellérier de la grande abbaye de Caen. « Ces reliques contenoient une partie d'un bras de saint Estienne et une petite ampoule de sang qui en avait flué, avec beaucoup du crâne de sa tête et bon nombre de ses cheveux, comme aussi une des pierres dont il avoit été lapidé.

Sur ce que il etoit de ses cheveux, ils estoient tellement esclatants et de si grande beauté qu'il sembloit qu'ils eussent esté tout récemment coupés de dessus son chef. « Qui videlicet capilli adhuc ita sunt pulchri et candidi, quasi modo ejus capite fuissent incisi. »

Et il est à croire que ladite ampoulle qui contenoit ledit sang estoit d'assez remarquable contenance, car le fondateur de l'église collégiale et congrégation du Plessis, qui s'appeloit Sanxon et estoit fils du baron de Douvres, impétra du Duc Conquérant dont il estoit aumosnier, une petite fiolle d'icelluy sang de saint Estienne qui avoit esté tirée de l'ampoulle dont il s'agit, et laquelle fiolle a toujours été conservée jusques à présent avec toute sorte de soin dans le monastère du Plessis, lequel aussi pour ce sujet fut dédié au mesme temps à Dieu, soubs le nom de ce premier martyr saint Estienne.

Au reste, je ne pourrois dire avec combien de joye et avec quels ressentimens de piété et de fervente dévotion ces reliques très-sacrées furent reçues dans l'abbaye de Saint-Estienne de Caen lorsqu'on les y apporta, où, par vœux unanimes, la feste de la translation d'icelles y fut instituée pour y estre solennisée à perpétuité, tous les ans, en qualité de l'une des principales, le huitième jour d'octobre, avec octaves et autres célébrités requises en commémoration et parfaite reconnaissance d'une si excellente et ineffable grâce (1). »

« Guillaume le Conquérant, nous dit M. Hippeau, avait obtenu de la ville de Besançon qu'elle lui cédât une partie du bras de saint Etienne qui y était conservé, ainsi que des cheveux et du sang du premier martyr et même une des pierres qui avaient servi à le lapider (2). »

Le reste avait été rapporté par « les religieux de la dicte abbaye et autres deputez qui par l'ordre et soubs les auspices de ce très pieus monarque (Guillaume) en avoient fait les poursuites jusqu'aux dernières contrées de la Terre-Sainte et de la Palestine, savoir est vers les confins du torrent de Cédron proche les pendants du Mont de Moriahc et de celui d'Olivet, entre lesquels ce grand saint endura le martyre. » (Asile salutaire).

Plus heureux que les religieux de Saint-Etienne qui célébrèrent encore pendant deux siècles la fête de la Translation des Reliques du Saint dans leur abbaye sans plus avoir « les dites reliques enlevées, viron l'an 1562, par la félonie des hérétiques », l'église actuelle vient de nouveau d'être enrichie d'une double relique de son saint patron.

La première, qui est de beaucoup la plus importante, est une petite molaire du Saint conservée depuis des siècles à Rome dans la chapelle du palais Altemps, appartenant aux ducs de Galèse. M. Jules Hardouin, actuellement duc de Galèse, ayant, en 1887, vendu son palais au Souverain Pontife, a eu l'heureuse inspiration et la généreuse pensée de donner à sa paroisse natale le trésor qu'il possédait. Il l'a offert à M. l'abbé Bréard, lors de son jubilé sacerdotal, avec l'authentique du Cardinal-Vicaire Parocchi. Ce petit reliquaire très simple a, depuis lors, été renfermé dans un autre plus monumental. On y a joint une petite relique donnée dans les mêmes circonstances que la précédente avec l'authentique de Mgr l'Evêque de Bayeux. Toutes les deux sont maintenant expo-

---

(1) Pour prouver l'authenticité des reliques qu'ils apportaient, les religieux envoyés en Palestine firent alfumer un grand feu sur le pont de l'abbaye. Lorsqu'ils le traversèrent portant leur précieux fardeau, les flammes s'ouvrirent et s'écartèrent de chaque côté du pont. — Hippeau, p. 463 et 464.

(2) Hippeau, Histoire de l'abbaye de Saint-Etienne, p. 28.

sées à la vénération des fidèles dans la chapelle dédiée à Saint-Etienne.

Autrefois « s'il survenoit dans le pays quelque nécessité importante ou politique on avoit recours au chapitre de cette abbaye afin d'impétrer la descente de la ditte châsse où estoient icelles prétieuses reliques de Saint-Estienne, ensuite de quoy, quand on se mettoit en devoir de la descendre et de la porter en procession avec prières solennelles et autres cérémonies, on recevait d'ordinaire, par voie miraculeuse, les bénéfices que l'on souhaitait de l'infinie bonté de Dieu. » Puisse cette confiance et cette foi des anciens âges revenir et porter les chrétiens à recourir à la puissante intercession de saint Etienne! Il les écoutera, comme jadis il écoutait nos pères, alors que l' « on voyait si grande affluence de peuple aborder de toutes parts en l'église de ce lieu, afin de lui en rendre grâces, et pour implorer la continuation de telles bénédictions. »

Quant aux autres reliques autrefois possédées par l'abbaye de Saint-Etienne, nous savons quelles elles étaient par le cérémonial conservé, dans les archives de la Fabrique.

Les moines bénédictins avaient l'habitude de célébrer la fête du saint ou de la sainte dont une partie du corps était exposée dans l'église. Or, voici, d'après leur calendrier, le nom des bienheureux honorés « *ob Reliquias* ».

FÉVRIER. — 4 Saint Maing (Magni), martyr. — 6 Saint Vast et saint Amand, à cause des reliques de saint Amand. — 18 Saint Melaine, évêque et confesseur renvoyé du 6 janvier. — 27 Saint Julien, évêque et confesseur transféré du 27 janvier.

MARS. — 2 Saint Celerin, martyr. — 5 Saint Léopard, martyr. — 11 Saint Benoît, martyr.

JUILLET. — 20 Sainte Marguerite, vierge et martyre.

AOUT. — 9 Saint Janvier, sous-diacre et martyr.

SEPTEMBRE. — 25 Sainte Emérite, vierge et martyre.

OCTOBRE. — 8 Anniversaire de la réception, dans l'église, des reliques de saint Etienne, premier martyr.Double de 1re classe, 1er ordre. — 20 Saint Aurèle, prêtre et martyr.

NOVEMBRE. — 10 Saint Aignan, martyr.

Aucune de ces reliques ne se trouve actuellement à Saint-Etienne; nous ignorons complètement ce qu'elles sont devenues.

L'église cependant est riche d'ossements précieux et considérables en grosseur.

Les plus importants, placés de chaque côté du Sanctuaire, sont renfermés dans deux reliquaires de forme ovale contre le premier pilier de l'abside. Ils se composent de la tête et d'une partie notable du corps de saint Fidèle, martyr. Plusieurs authentiques renfermés dans le reliquaire placé du côté de l'Evangile nous apprennent d'abord qu'ils ont été tirés des catacombes de saint Calixte en 1639, sous le Pontificat d'Urbain VIII, par l'Em. Card. Palotta. Une palme était gravée sur la pierre d'entrée et le nom de « Fedele » avec une palme était placé près du corps.

Ces reliques furent d'abord données à une dame romaine : « Fr. Joseph Eusanius Aquilanus ordinis Er. S. Augustini, sacrarii Pontificis Præfectus..... Sacras reliquias per nos extractas e cemeterio Calisti..... dedimus et consecravimus Ill^{mœ} D^{nœ} Magdelenœ Vitelleschi nempe corporis S. Fidelis nomen proprium..... Datum Romæ ex œdibus nostris in Vaticano Die 21 mensi septembris Anno 1669. »

A son tour cette princesse les offrit au provincial des capucins de Normandie : « Et ego Infraspta prædictas reliquias gratis dono dedi R. P. Provinciali capuccinor. Provinciæ Normandiæ in Gallia 6 Julii 1687. »

Le même jour, le F. Ambroise de Paris, « capucin et Secrétaire francois du R^{me} P. Procur. g^{nal} en cour de Rome » les envoya en France dans une bouette scellée « priant pour l'amour de Dieu et la sainte Passion de N. S. Jésus Ch. qu'elle ne soit point ouverte en facon quelconque qu'a Rouen en p^{nce} de l'Archevêque. »

Quatre ans plus tard, ces Reliques étaient transportées à Caen et reconnues authentiques par Mgr de Nesmond, ainsi que le constate le procès-verbal suivant :

Franciscus de Nesmond, Dei et..... Baiocensis Episcopus notum facimus quod anno Domini 1691 die Sabbati Vigesima septima mensis octobris in capella monialium ord. S. Benedicti de Sacramento dictarum Cadomensis Dio. Næ. Coram Nobis comparuit frater Joannes Chrisostomus presbiter religiosus capuccinus gardianus conventus cadomensis qui quidem nobis exhibuit arculam ligneam..... Sigillis integris R. R. Patris Josephi..... assignatam in qua recondita sunt sacra Reliquia Corporis Sancti Fidelis martiris Nominis proprii e cœmeterio Calisti extracta..... Illust. Dominœ

Magd. Vitelleschi data et consignata ad effectum apud se reti-
nendi, alteri donandi, extra Urbem mittendi.

Franciscus E. Baiocensis

Quatre grands reliquaires de forme ovale comme les précédents
se trouvent dans les chapelles du Saint-Sacrement et de Saint
André. Ils sont revêtus tous les quatre des cachets de l'un des
trois derniers Evêques de Bayeux avant la Révolution, et leurs
authentiques sont conservés aux archives de la Fabrique. Le reliquaire qui porte les armoiries de Mgr de Lorraine qui fut évêque
de Bayeux de 1719 à 1728, renferme les reliques de sainte Claire, de
saint Félix, de sainte Candide, de saint Clément, de sainte Honorée,
de saint Placide et de sainte Vincente (1). — Mgr de Luynes, évêque
de Bayeux de 1729 à 1753, a apposé son sceau sur le reliquaire
contenant des ossements de sainte Jucundine, saint Vincent, saint
Donat, saint Fauste et sainte Fortunate (2). — Enfin les armes
de Mgr de Cheylus se trouvent sur les deux autres reliquaires

---

(1) 1er authentique. — « Franciscus Eusanius Aquilanus ordinis Eremitarum
S. Augustini, Dei et Apostolicæ sedis gratia Episcopus Porphyriensis..... R. Patri
Thomæ Dieppensi capuccinorum provinciæ Normanniæ in Gallia..... nempe de
partibus ossium Sanctorum Christi martirum Placidi, Vincensœ, Felicis, Can-
didæ, Honoratæ et Claræ et insignem reliquam scilicet crus S. Vincenti Martiris
et insignem reliquam scilicet crus S. Clementis martiris nomen proprium.....
de mandato SS. D. N. PP. e Cœmeterio Callixti extractas et a Sacra Congre-
gatione Indulgentiarum sacrarumque Reliquiarum recognitas..... Datum Romæ
die 14 mensis Julii anno 1687.

2e Authentique. — « Jacobus Nicolaus, mis..... Archiepiscopus Rothomagensis
Normannniæ Primas..... notum fecimus... quod sacræ Reliquiæ... sanctorum
Christi martirum Placidi..... Datum Portui Gratiæ in cursu Visitationis nostræ
generalis Anno Dni 1691 die 27 mensis Aprilis. »

(2) L'os de S. Vincent dont il est parlé dans les authentiques précédents
se trouve dans ce reliquaire. L'ossement de Ste Jucundine « ex cœmeterio
Cyriaci extractum » a été donné « R. P. fr. Thomæ de Dieppe provinciali
Capuccinorum Normandiæ..... Romæ die 28 mensis Aprilis anno 1689 » par le
Cardinal « de Carpineo S. S. D. N. Papæ Vicarius Generalis. » — Ce même
Cardinal a donné « Dno Natali Mahieu et Ecclesiæ parochiali Sancti Nicolai
diœcesis..... Sacrum brachium Sancti Christi martiris Donate..... e cœmeterio
Callixti extractum..... die 25 mensis Aprilis anno 1706.

Enfin les reliques « SS. Fausti et Fortunatæ martyrum..... ex sacris reliquiis
de mandato S. S. D. N. P. P. e cœmeterio S. Calixti extractis..... » ont été
données à Rome « die 12 mensis maii Anno 1739 Rmo Dno Simeoni Mancinforte »
par « Fr. Thomas Gervioni a Monte Ilcino, Patritius, Senensis Archiep. »

renfermant chacun cinq ossements. L'un contient ceux de Saint Vincent, saint Germain, saint Félix, saint Faust et saint Firme — l'autre ceux de saint Urbain, saint Honoré, saint Aurèle, saint Salvat et Saint Modeste (1).

M. de Boisjugan, en restaurant la chapelle Saint Joseph, avait inséré, dans le devant de l'autel, un reliquaire contenant un certain nombre de reliques moins considérables que les précédentes scellées de ses armes, et accompagnées d'un procès-verbal indiquant leur provenance. Lorsque M. l'abbé Bréard fit de nouveau restaurer la chapelle et remplacer l'autel en bois par l'autel en pierre qui existe actuellement, il recueillit les reliques et le procès-verbal fortement détérioré par l'humidité. Une copie en fut faite par M. le curé de Saint-Etienne qui en donna lecture, en notre présence, à M. l'abbé Reverony, vicaire général, lors de la vérification des reliques en 1888. Cette copie qui est aujourd'hui perdue était accompagnée des fragments de l'ancien procès-verbal qui tombaient en poussière. C'est après cette constatation que les reliques revêtues du sceau de Mgr Hugonin ont été renfermées dans les reliquaires actuellement placés dans les chapelles de la Très-Sainte Vierge et de Saint Joseph. Les 6 châsses de la première chapelle renferment les parcelles suivantes : « S. Celestinus, Stæ Reliquiæ, S. Victor, S. Benedictus, S. Mansuetus, S. Martyres, S. Venerius, S. Fortunatus, S. Deodatus, S. Donata — Agnus Dei. » — Les deux reliquaires de la chapelle S. Joseph contiennent : « SS. Martyres, S. Firmæ, S. Martinus, S. Venustus — S. Cæcilia, S. Margarita, S. Pretiosus. »

(1) « Nous, doyen du Saint Sépulcre de Caen, vicaire général du diocèse de Bayeux, seigneur et patron de Saint-Ouint Bertenonville nous sommes transporté au monastère de la Visitation de Sainte Marie de Caen, accompagné de Mrs Etienne Bonhomme, curé de Saint-Nicolas et de Giles Fr. Yon..... aux fins de vérifier et examiner si les reliques envoyées dans ce monastère et contenues dans trois boettes de bois .... scelées chacune de trois cachets conformes au sceau mis au bas des authentiques..... contenant des ossemens de S. Félix, S. Vincent, S. Germain, S. Fauste et S. Firme que nous avons déposés avec l'authentique dans la châsse numéro un..... et les ossemens de S. Urbain, S. Modeste, S. Honoré, S. Aurèle et S. Salvat que nous avons déposés dans la châsse numéro deux..... et auxquelles dites châsses nous avons apposé le sceau de Monseigneur de Cheylus, évêque de Bayeux..... dont du tout nous avons dressé procès-verbal ce premier mars 1788,

MERY DE BERTHENONVILLE,   BONHOMME,   G. F. YON,
      vicaire général.   curé de Saint-Nicolas.   prêtre.

Dans la chapelle Halbout, deux reliquaires sont de chaque côté de l'autel. Ils renferment avec leurs authentiques, les reliques de S. Aurèle, S. Innocent, S. Caste, S. Félix et S. Perpétus — S. Prime, S. Clément, S. Honorat, S. Sevère et S. Prime, tous martyrs. Les authentiques portent : « Nous, vicaire général du diocèse de Bayeux, certifions que les reliques des saints..... renfermées dans cette châsse sont véritables et tirées par nous des bouettes venues de Rome avec les authentiques que nous avons vérifiés en présence de M. Chibourg, docteur en médecine et recteur de l'Université de Caen, M. Guilbert, chirurgien et G. F. Yon, prêtre... En foy de quoi nous avons apposé le sceau de Mgr l'Evêque de Bayeux, ce 26 novembre 1784.

MERY DE BERTHENONVILLE,
Vicaire général.

Nous avons mentionné ailleurs le cadeau fait à la paroisse par Mme Guillot, d'une précieuse relique de la Vraie Croix. Placée au centre d'une croix en bois d'acajou, elle est entourée de plusieurs autres reliques de la Passion. Les authentiques placés dans le pied de la Croix, nous font connaître que « les parcelles détachées du bois de la très-sainte Croix de N. S. J.-C., de la robe de pourpré dont il fut revêtu et de la colonne de la Passion » ont été reconnues à Rome le 25 octobre de l'an 1804 par Jules   du titre de sainte Marie de la Minerve — et à Caen par Mgr l'Evêque de Bayeux, le 29 aout 1812.

César Brancadoro, de la maison des comtes Tolentins, archevêque de Nisibe, atteste « qu'il a fait don des parcelles sacrées du tombeau de N. S. et du linceul dans lequel il fut enseveli. » L'authentique est daté de Rome au palais de la Sacrée Congrégation le 2 mai de l'an 1797. Le 15 mai 1813, après avoir vérifié les authentiques, Mgr Brault « reçoit avec piété et respect ces saintes parcelles extraites du sépulcre de N. S. et du linceul. » Ce même jour, il reconnait également l'authenticité d'une autre relique de la Vraie Croix accordée par Fr. Xavier Passary, archevêque de Larisse.

USAGES

Au début de cette histoire, nous avons vu, qu'avant leur expulsion, les Bénédictins célébraient le culte divin avec une solennité et une pompe qui ne se rencontraient nulle part ailleurs.

Cette tradition s'est continuée à Saint-Etienne.

Cependant, depuis un certain nombre d'années, plusieurs cérémonies bénédictines qui semblent avoir été adoptées au commencement du siècle ont disparu. Il était encore d'usage, avant la liturgie romaine, que le célébrant eût pour l'assister aux grandes fêtes de l'année, avec le diacre et le sous-diacre d'office, deux diacres et deux sous-diacres induts, un de plus que chez les Bénédictins. L'usage en avait été d'autant plus facilement, conservé qu'il y avait, de 1802 à 1810, à Saint-Etienne, un véritable chapitre composé d'une quinzaine de vénérables ecclésiastiques. Nous avons relevé, sur les registres de la paroisse, le décès de dix prêtres, en dehors des curé et vicaires, pendant les 15 premières années qui ont suivi le Concordat.

Nous lisons également dans le cérémonial de l'abbaye conservé aux Archives de la Fabrique que l'offrande du pain et du vin se faisait alors avec la plus grande solennité. Au milieu du *Credo*, le diacre et le sous-diacre d'honneur se rendaient à la sacristie par la porte du chœur, du côté de l'Epitre, précédés du maître de cérémonie, des acolythes d'office, des thuriféraires et des acolythes assistants. Au retour, ils entraient par la porte du bas du chœur précédés du maître des cérémonies, des thuriféraires encensant jusqu'aux marches du sanctuaire. Le diacre portant le calice recouvert du voile, avait à ses côtés les deux acolythes assistants tenant d'une main les bords du voile et de l'autre les burettes. Le sous-diacre le précédait portant la bourse. En avant marchaient de front le premier acolythe d'office tenant sur un voile un bassin sur lequel était posé le pain du sacrifice, et le second tenant de même sur un voile un autre bassin dans lequel était la palle ou le purificatoire. — Cette cérémonie fort imposante a subsisté à Saint-Etienne jusqu'en 1857, époque de la suppression des induts.

Une tradition rapporte, qu'avant 1845, lorsque la procession stationnait dans la nef, avant la messe, tous les officiers venaient successivement baiser le texte de l'Evangile placé sur un pupitre au bas de la nef. Le grand orgue jouait pendant cette cérémonie.

Nous ne voyons pas que les Bénédictins de Saint-Etienne aient eu l'habitude d'encenser aux vêpres les autels des chapelles pendant le chant du *Magnificat*. Cette cérémonie, d'après l'ordinal de Saint-Pierre-sur-Dives récemment publié, existait chez les Bénédictins de cette Abbaye.

La cérémonie du pain bénit qui se fait aux fêtes de la Bonne Mort (4ᵉ dimanche de janvier), de Pâques, de la Pentecôte, de la 1ʳᵉ Communion, du Saint Sacrement, de l'Assomption, de la Toussaint, de Noel et de la Saint Etienne, s'accomplit avec une solennité exceptionnelle. Elle a fait l'objet d'une toile remarquable de M. G. Bouet qui se trouve au Musée de la ville.

Parlerons-nous du costume des officiers d'église? Si, comme en 1820, le suisse ne porte plus de bottes, il a conservé comme alors ses bas écarlates pour les grandes fêtes. — Les bedeaux ne portent plus perruque, ils ont toujours leur robe. — La seule tradition qui remonte à des siècles et que nous trouvions conservée à Saint-Etienne, est celle pour les acolythes, de porter la tunique. Ils la portaient du temps des religieux, peut-être en souvenir et pour honorer le saint patron de l'église qui en était revêtu ; aujourd'hui encore cet usage a prévalu presque exclusivement à la paroisse.

L'Octave des Morts avec méditation le matin et sermon le soir remonte à l'année 1880. M. le Curé avait eu primitivement la pensée de faire donner, cette année-là, la mission qui eut lieu en 1881, et il l'avait annoncée à ses paroissiens. Son projet n'ayant pu se réaliser, il invita un prédicateur étranger à donner une suite d'instructions aux exercices qui se faisaient pour les morts à l'occasion de la Toussaint (1). Depuis lors, cette petite station s'est continuée chaque année.

Une retraite est également prêchée tous les ans aux Enfants de Marie. Elle commence le mercredi soir qui précède le dimanche de la Conception Immaculée et se termine par la réception des nouvelles Congréganistes.

Depuis 20 ans, la première Communion se célébre le dimanche de la Trinité. La Confirmation a lieu le mardi suivant, et le pèlerinage à la Délivrande, le 3ᵉ jeudi qui suit, à moins que la solennité de la fête saint Jean ne tombe avant cette date. Dans ce cas,

---

(1) M. de Boisjugan sollicitait, le 29 octobre 1813, et obtenait la permission de donner la bénédiction avec le Saint Ciboire à la suite d'exercices qui se faisaient à Saint-Etienne au commencement de novembre : « Je trouve dans la paroisse de Saint-Etienne, écrivait-il, un pieux usage établi et que l'on a retenu de l'église de Saint-Martin qui lui a été réunie, c'est de faire tous les soirs, pendant neuf jours depuis la Toussaint, des prières solennelles pour les morts et pour demander la grâce d'une bonne mort..... »

le pèlerinage de saint Jean qui est plus ancien que celui de saint Etienne, longtemps supprimé, puis rétabli en 1872, passe avant lui.

Aux Rogations, la paroisse se rend en procession le lundi à Notre-Dame, le mardi à Saint-Sauveur, le mercredi à Saint-Julien. Le jour Saint Marc, avant la suppression de la procession par M. le Maire, elle allait à Saint-Ouen.

Afin que le Très Saint Sacrement puisse passer dans toutes les rues de la paroisse, M. l'abbé Bréard a établi, dès son arrivée à Saint-Etienne, deux processions chacun des dimanches de la Fête-Dieu et du Sacré-Cœur. A cette époque un vieux dicton disait que par la rue Bicoquet le Bon Dieu n'était jamais passé. Ce n'était vrai que depuis la Révolution.

PRIVILÈGES

L'église Saint-Etienne en possède de deux sortes. Les uns sont purement spirituels, les autres honorifiques.

En vertu des premiers, quiconque visite l'église les jours de Saint Etienne, Saint Nicolas, Saint François de Sales et de la Translation de saint Martin « a primis Vesperis usque ad occasum solis dierum hujusmodi vel diebus ad quos præfatæ festivitates transferrentur, » peut gagner une indulgence plénière s'il s'est confessé, a communié, et s'il prie aux intentions du Souverain Pontife. — Cette faveur accordée par le Pape Pie VII, le 18 décembre 1804, a été visée à Bayeux, le 17 mai 1805, par M. Durozier, vicaire général.

Le même jour, celui-ci voit et reconnait encore une autre indulgence plénière accordée à l'église Saint-Etienne, le 19 mars 1805, par le cardinal Caprara, au nom du Souverain Pontife, pour l'adoration des Quarante-Heures.

Les privilèges honorifiques dont nous voulons parler sont les cérémonies officielles qui se sont toujours tenues à Saint-Etienne (1).

____

(1) Le 11 aout 1816, Mgr Brault confirme l'église Saint-Etienne dans la possession des fêtes et cérémonies publiques. Le 24 janvier 1818, il lui confère le droit de porter le bâton cantoral : « Considérant 1° l'antiquité et la célébrité de l'église curiale de Saint-Etienne de la ville de Caen, ancienne et illustre abbaye fondée par Guillaume le Conquérant dont elle possède les dépouilles mortelles.

De même qu'avant la Révolution, les religieux de l'Abbaye célébraient soit dans l'église des Franciscains soit dans leur église les fêtes de l'Université de Caen « tanquam parochos Universitatis spectet celebrare in hisce solemnitatibus », de même les curés successifs de Saint-Etienne ont été regardés comme les aumôniers de la Cour, et ont célébré dans l'enceinte du Palais la messe de rentrée jusqu'en 1890, époque de sa suppression.

C'est à ce même titre que toutes les fêtes publiques, depuis le commencement du siècle, ont eu lieu à Saint-Etienne. Citons seulement celles qui furent célébrées à l'occasion des baptêmes du roi de Rome et du duc de Bordeaux — les services solennels pour les différents Papes qui sont morts — la messe solennelle pour les élections en 1829, etc. Tout le monde a encore présentes à la pensée l'imposante cérémonie du service solennel célébré pour le Pape Pie IX, en 1878, où assistèrent toutes les autorités, et les prières publiques qui se faisaient chaque année, avant 1887, à la rentrée des Chambres.

Sous la Restauration, toutes les paroisses se réunissaient à Saint-Etienne pour la procession solennelle du premier dimanche du Très Saint Sacrement à laquelle assistaient en corps tous les membres de la magistrature et des diverses administrations civiles et militaires. La procession se rendait à Saint-Pierre. — Cet usage a cessé en 1830.

Espérons que toutes ces cérémonies qui étaient un hommage public rendu par l'Etat au Dieu de qui découle tout pouvoir et toute justice, seront un jour rétablies! En attendant, voici tel qu'il a été communiqué par la Cour en 1853 et en 1863, l'ordre des préséances des différents corps constitués, dans le chœur de l'église :

2º que c'est dans ladite église que se réunissent les principales autorités pour assister aux grandes cérémonies

Voulant en conséquence faire jouir cette église de quelque faveur particulière

Nous accordons par ces présentes la permission de porter le bâton cantoral dans les fêtes solennelles majeures et supra et pendant les cérémonies publiques par nous ordonnées auxquelles les autorités auront été convoquées, à celui qui fera, en ladite église de Saint-Etienne de Caen, l'office de grand chantre dans ces solennités. »

Le bâton cantoral surmonté de la statue de saint Etienne porte cette inscription qui fait connaître le donateur : « 2 JUIN 1818. DONNÉ PAR M. DEGRENTHE, PRIEUR. »

✠   ✠   ✠   ✠   ✠

Aide-de-Camp   Général   Premier Président   Préfet   Secrétaire

✠   ✠   ✠

Maire   Président du trib.   Président du trib.
civil   de commerce

✠ Recteur

Finances   Etat-Major de la Marine

Etat-Major de la brigade

Conseil de Préfecture   Académie

Etat-Major de la place

Corps non classés   Juges de paix

Commissaires de police

Cour   Conseil Municipal   Tribunal de commerce   Chambre de commerce   Tribunal civil

Académie   Académie

ETABLISSEMENT DES SŒURS DE SAINT-VINCENT DE PAUL

L'établissement des sœurs de Saint-Vincent de Paul sur la paroisse remonte à 1758 ou 1761. « Au mois d'avril 1761, porte un manuscrit de l'orphelinat faisant le récit de la fondation, feu Thomas Julienne curé de la paroisse Saint-Nicolas de Caen (aujourd'hui Saint-Etienne) avoit aux mains une somme de 6.500 livres qui luy avoit été remise par différens particuliers pour estre employée à quelque œuvre pieuse. Il envoya cette somme aux sœurs de la charité établie faubourg Saint-Lazare à Paris pour fonder à perpétuité dans sa paroisse deux sœurs de leur congrégation pour pancer et médicamanter les pauvres malades. Au mois de juin suivant deux sœurs partirent de leur maison et vinrent habiter en la paroisse Saint-Nicolas. Cette paroisse forme l'extrémité de l'un des faubourgs de la ville sur laquelle les pauvres se retirent de toutte part raport à la médiocrité des loyers. Au bout de quelques mois le sieur Jullienne s'aperçut que deux sœurs n'étoient pas suffisantes pour une aussi grande paroisse ce qui luy fist trouver dans la bource de quelques gens charitables une somme de 4.000 liv. pour fonder une 3ᵐᵉ sœur. Cette somme fut envoyée aux sœurs de Saint-Lazare le 12 novembre de la mesme année et par la lettre d'avis qu'il leur envoya il leur déclara que cette somme lui étoit provenue d'aumônes. Les 17 et 26 du mesme mois il passa au Sieur Desétable deux contracs de vente des biens qu'il possédoit sur la paroisse Saint-Nicolas sans cependant toucher à ceux qu'il possédoit sur la paroisse de Mathieu près Caen. Son decez arriva le 25 janvier 1762 avant que d'avoir passé contrac et avoir pu fournir un logement commode aux trois sœurs pour y exercer leur office.

Ces mesme sœurs furent logées par charité l'espace de 2 années au bout duquel temps quelques gens charitables remirent à un feu Sieur Hoquet ingénieur en chef de la généralité de Caen une somme de 3.500 qui furent employés à l'achat d'une maison et jardin desquelles ils firent présent aux sœurs déclarant par ladite donnation que les deniers employés à l'achat de cette maison étoient provenus d'aumosnes. Le père Saint-Affrique alors prieur de Saint-Etienne fournit les matériaux nécessaires et plusieurs sommes pour estre employées à la rédification de cette maison, et plusieurs autres personnes fournirent les sommes nécessaires pour former une apotiquairerie et une lingerie. »

Une supplique des sœurs présentée le 24 janvier 1767 à M. de Fontette intendant de la généralité de Caen, pour être déchargées de l'impôt du 20ᵉ nous fait connaître qu'appelées à Caen depuis plusieurs années, elles y ont fait leur résidence dans une maison dont on leur a aumosné les loyers; mais pour se rendre plus utiles aux pauvres malades, elles ont fait l'acquisition du Sieur De la Mare Leguay représentant les Sieurs Penon d'une maison et jardin où elles font depuis un an leur demeure. »

Cette maison était située rue de Bayeux, et portait, en 1792, le n° 60. « Une partie de cette maison, lisons-nous dans une pétition des sœurs et des habitants du quartier, est remplie des ongants et drogues nécessaires pour les maladies des pauvres. Elle sert aussi à panser et médicamanter les enfants qui leur sont amenés de tous les endroits de la ville. Leur jardin est remply en grande partie de plantes différentes pour faire les tisanes aux pauvres et le tout gratuitement. — Les exposantes ne sont point à charge à la République, elles n'ont jamais reçu aucune récompense quoyqu'elles soient livrées journellement à visiter les malades et à subvenir à leur soulagement. — La République doit au contraire aux exposantes le capital de douze mille livres pour la constitution de leur rente de 600 livres qu'elles n'ont pu obtenir depuis deux années. Elles attendent donc de l'équité et de la justice ordinaire des administrateurs du district la remise de l'impôt de 58ˡ 19ˢ qui leur est réclamé pour l'année 1791, réduites qu'elles sont déjà à un état de souffrance sur les premiers besoins de leur vie. »

Supprimées par la révolution, les sœurs grises furent rétablies aussitôt après, par le bureau de bienfaisance. Tout d'abord, elles ne furent que deux, ayant chacune un traitement de deux cents francs. Mais, dans sa séance du 25 juin 1807, le bureau « s'étant reporté sur la situation précaire des sœurs de Saint-Vincent de Paul et voulant améliorer leur sort d'une manière invariable, considérant que leur nombre est insuffisant eu égard à leur âge et à l'étendue des lieux où elles donnent des soins à la classe nécessiteuse ; considérant que leurs moyens d'existence étant insuffisants elles ne peuvent rien en distraire pour acheter comme elles le faisaient anciennement des médicaments simples pour distribuer gratuitement des tisanes et des médecines aux malheureux qui ont recours à ces filles charitables » vota l'appel d'une troisième religieuse, porta leur traitement à 300 f., et leur accorda enfin une somme de cent francs par an pour les médicaments de première nécessité dont elles pourraient avoir besoin.

Il était réservé à l'année 1891 de voir toute allocation supprimée aux religieuses de Saint-Vincent de Paul pour le soin qu'elles prenaient de visiter les pauvres et les malades de la paroisse. Sous prétexte qu'elles auraient pu faire de la propagande en faveur des écoles libres catholiques, en exerçant le ministère de la charité, elles ont été privées de leur traitement. Regrettons-le pour les pauvres et espérons que si la charité publique a ses partialités, la charité privée saura, par le dévouement des sœurs, secourir toutes les indigences, n'importe où elles se trouvent.

Actuellement le nombre des religieuses résidant à l'orphelinat de la rue de Bayeux s'élève à 22. L'adjonction successive des écoles et des deux orphelinats aux visites qu'elles faisaient primitivement des malades a nécessité cet accroissement. Le nombre de 3 fut porté à 4 en 1820 lorsque l'école leur fut confiée; une 5e sœur fut envoyée en 1829. Lorsqu'en 1847, M. Royer ouvrit l'orphelinat des filles, une 6e sœur fut ajoutée aux autres. La maison continuant d'augmenter, ce nombre fut porté à 11 en 1856, à 17 en 1860 lorsque l'orphelinat des garçons fut créé. Presque dès l'origine, une partie de l'établissement à été réservée à des dames pensionnaires.

Le nombre des orphelines est ordinairement de 120. Celui des orphelins varie entre 30 et 35.

Ainsi se trouve terminée la tâche bien douce que nous nous étions imposée d'écrire l'histoire de la paroisse Saint-Etienne pendant le siècle qui vient de finir pour elle. Nous la résumerons en faisant revivre dans la pensée de tous, le nom de ceux qui la gouvernèrent à titre de curés ou de vicaires depuis le Concordat :

Curés	Vicaires	
François Desbordeaux 1745—1813 curé de St-Etienne depuis 1803.	Ph. Leboussonnier	1802—1803
	E. J. J. Surosnes	1803+1808
	J. Vasnier	1803—1804
	C. Boscher	1804—1804
	J. F. Lebreton	1804+1805
	J. B. Bobhier	1804+1821
	Heribel	1809—1810
	Jenvrin	1810—1813
	F. Sarrazin (1)	1811—1812
Claude J. B. Godefroy de Boisjugan 1749—1827 curé de Saint-Etienne depuis 1813.	G. Saffray	1813+1817
	Beaumont	1817—1820
	Croquet	1818—1820
	D. M. Roussel	1820+1827
	Bellée	1821—1822
	Delalande	1822—1826
	F. Duparc	1822—1826
	P. de la Londe	1826—1832
Alexis-Hippolyte Royer 1795—1872 curé de St-Etienne depuis 1827.	Vauquelin	1827—1831
	A. Godard	1832—1834
	Sanson	1832—1836
	V. Roussel	1834—1846
	Dallibert	1834—1841
	Hameline	1836—1838
	Moussy	1838—1844
	Am. Morand	1841—1844
	A. Hays	1844—1854
	A. Marescal	1844—1857
	E. Riboult	1847—1860
	L. A. Place	1855—1864

(1) Les registres de l'Evêché de Bayeux nous fournissent quelques détails intéressants sur le passé de ces premiers pasteurs de Saint-Etienne : M. Desbordeaux était rentré de l'exil au mois de décembre 1801 ainsi que M. Leboussonnier ; M. Surosnes, revint d'Angleterre en fructidor an x. MM. Boscher, Lebreton et Bobhier étaient restés en France pendant la Révolution, malgré leur refus de prêter serment. — M. Fouqus-Sarrazin était un ancien capucin qui s'était exilé pour la foi à Jersey au mois de septembre 1792.

Alexis-Hippolyte Royer 1795—1872 curé de St-Etienne depuis 1827. *(Suite)*	Lepileur	1858—1868
	Lalande	1861—1871
	Leprêtre	1864—1865
	A. Poitron	1865—1872
	U. Ledard	1868—1871
	V. Gontier	1871—1876
	J. Cosson	1871—1877
Pierre-Désiré Bréard 1815—1891 curé de St-Etienne depuis 1872.	Ol. Prod'homme	1872—1881
	St. Touchet	1876—1878
	L. Feuguet	1878—1881
	L. Huet	1878—1891
	G. Artois	1881—1886
	L. Conte	1881—1887
	H. Cuche	1886—1889
	G. Tullou	1887
	L. des Hameaux	1889
Albert-Victor Lepelletier nommé en février 1891.	J. Leforestier	1891

ERRATA

Page 5, lig. 3, au lieu de *sous les voûtes*, lisez *sous ses voûtes*.

Page 14, lig. 22, au lieu de *style à l'église*, lisez *style de l'église*.

Page 47, lig. 11, M. Noel fut nommé à Saint-Sauveur.

Page 47, lig. 24, au lieu de *bans*, lisez *bancs*.

Page 48, lig. 2, au lieu de *constitués*, lisez *constituées*.

Page 52, différents mémoires et en particulier une note pour avoir placé et déplacé les statues de saint Martin et de saint Etienne, nous font penser que le vocable de plusieurs chapelles fut changé en 1820.

Page 73, lig. 31, au lieu *de notre diocèse*, lisez *dans notre diocèse*.

TABLE DES MATIÈRES